中青年经济与管理学者文库

本书受首都经济贸易大学会计学院科技创新服务能力建设基金、首都经济贸易大学北京市属高校基本科研业务费资助。

QIYE ZHANLUE DINGWEI DE
YICHU XIAOYING YANJIU

企业战略定位的
溢出效应研究

侯德帅 著

中国财经出版传媒集团
中国财政经济出版社

图书在版编目（CIP）数据

企业战略定位的溢出效应研究 / 侯德帅著. -- 北京：中国财政经济出版社，2020.7

（中青年经济与管理学者文库）

ISBN 978-7-5095-9744-6

Ⅰ.①企… Ⅱ.①侯… Ⅲ.①企业战略－研究 Ⅳ.①F272.1

中国版本图书馆 CIP 数据核字（2020）第 058597 号

责任编辑：武志庆　　　　责任校对：徐艳丽

封面设计：智点创意

中国财政经济出版社 出版

URL：http：//www.cfeph.cn

E-mail：cfeph @ cfemg.cn

社址：北京市海淀区阜成路甲 28 号　邮政编码：100142

营销中心电话：010-88191537

北京财经印刷厂印装　各地新华书店经销

880×1230 毫米　32 开　6.25 印张　146 000 字

2020 年 7 月第 1 版　2020 年 7 月北京第 1 次印刷

定价：30.00 元

ISBN 978-7-5095-9744-6

策划人语

题记：一个人的精神成长史，取决于他的阅读史。只有阅读能最有效地培养精神生活习惯，而好的习惯又培养性格，性格决定人生。

——我们自豪，因为我们就是创造这精神产品的人。

选择了飞翔，总能看到蓝天；选择了远航，总能感受大海。人生不仅要作出选择，也要坚持住自己的选择。学会计、当编辑是我的意外选择。人说编辑是为人做嫁衣，可是这一选择我坚持了27年，苦在其中，乐在其中，也算是有声有色。每当我把一本本好书呈献给人们的时候，我觉得我是“富贵”的人：富，不是你身上的钱财，而是你心里的满足；贵，不是你地位的显赫，而是你被人需要的程度。

书海探寻，情怀永恒

我要说，做编辑我幸运，因为我不仅是第一个读者，可以对作品“品头论足”，也可以对作品“生杀予夺”；更重要的是，这是一个很高层次的平台，在多年与名家的交往和名著的“对话”中，深深地为他们的人格和才学所感动，被作品的精彩所吸引，这不仅使我“下笔如有神”，更使我的思想和灵魂也受到一次次洗礼和震撼，得到一次次升华。对于我的作者我的书，如数家珍，作者中不乏才学和为人同样过人的多位泰斗和“颜值高责任大”的众多才子佳人；策划的作品不仅立足专业还兼顾人文，也是情怀所在，专业加人文路才会更宽。

多年的体会是，作为一名编辑，起码要“三心二意”，即“责任心、细心、耐心”和“服务意识、创新意识”。要多策划一些有分量的拳头产品，用一个选题推动一个系统工程，用一个系统工程培养一个出版社品牌。给新入职编辑讲座时我做过一个比喻：编辑两项基本功，审稿——甚至要比博导审批学生论文还要全面、细致；选题策划——要像电影导演一样做“星探”，善于发现优秀作者和挖掘好的原创作品。记不得27年来我策划和编辑了多少书，组织和策划了一大批教材、业务培训用书、通俗读物、理论专著等，有的获得过国家、省部级各类奖项，有的以其填补空白、社会热点、风格新颖、开拓尝试等特点受到读者的欢迎。20世纪90年代我开始自主策划选题，多年来每年都有新丛书问世。比如，21世纪初内部控制研究在国内刚兴起时，策划了《现代内部控制丛书》，其中《企业内部控制管理操作手册》是我鼓励作者将自己饱含心血的经过长期钻研和实践并证明卓有成效的成果奉献付梓，使得更多的人能受益于此，这无疑是对我国内部控制理论探索和实践发展的一种贡献，内部控制选题至今还是热点。2013年的《来去无尘——一位财政部长的生前事》所展现的吴波精神，与深入推进党风廉政建设相得益彰，得到中央领导同志的高度重视和重要批示。中央各大主流媒体纷纷连续报道，掀起了全社会学习吴波高尚情操的热潮。2014 年至今的前沿选题《财务云丛书》等也越来越受到业界认可。

想是问题，做是答案

众所周知，目前的图书出版业在行业竞争和纸质图书受到严重冲击的情况下，出版人无不感到莫大的危机。在这种背景下，策划一套专业图书是颇感困惑的一件事，风险更大。但即使这样我们也不能因噎废食、停滞不前，还要积极应对，继续发挥纸质图书的固有特质，挖掘出版内容和形式都精彩的原创作品，适应新形势下读者的更高需求。2017 年，我们接受新的挑战，开启新的征程，又策划《中青年经济与管理学者文库》《当代税收名家丛书》《中国税务律师系列丛书》《现代管理实务丛书》《高等院校应用型会计人才精细化培养系列教材》等，继续为扶持学术研究和总结最新成果，在高端研究与专业知识普及和应用之间搭建一座座有益的桥梁。

每一个时代的经济环境不同，理论研究和实务探索所需要解决的问题也有所差别。当前我国不仅处于经济结构调整和供给侧改革的攻坚期，同时也处于大数据和互联网突飞猛进的变革期，矛盾叠加，风险交汇，市场环境和组织模式不断演变发展、推陈出新，经济、管理、财税等领域的新理论、新思想、新方法、新工具也层出不穷。乱花渐欲迷人眼，击水三千浪几何？这些领域的研究人员被时代赋予了更艰巨的责任，也面临着更高、更多元的要求，我们不仅要具备更广阔的学术视野，而且要有更严谨的学术思维。

输在犹豫，赢在行动

《中青年经济与管理学者文库》的作者，都是我国经济与管理领域的中坚力量，也是未来的大家。他们中有些人潜心从事理论研究，有些人则深耕在实务一线，但无论现实身份如何，视野全都没有被拘泥在“象牙塔”内。他们从不同视角对市场经济的不同要素进行细致审视，然后汇聚于“财经版”这面旗帜之下，相互碰撞，彼此激荡，力求在市场经济转型升级的关键时期留下最新鲜的“中国印记”。

这些经济与管理领域的中青年学者，就是我国市场经济发展的潜力与优势，他们的研究成果，不仅将引领市场经济的各个组成环节向更科学、更先进的方向发展，而且将成为我国政府和企业在未来经济世界扮演更重要角色的支点与动力。祝愿这些中青年学者能攀上更高的学术之山，走向更远的研究之路，也期待宏观、中观、微观各个层面的市场参与者都能从这套文库中得到切实的启发与指引，在全面深化改革、增强发展活力的关键时期，发挥正能量和积极作用，为经济社会发展增添新的动力！

如果您认可，如果您有意愿，欢迎您和您的朋友加盟我们的作者队伍！在中国财经出版传媒集团的“旗舰”下，中国财政经济出版社这“老字号”，一定励精图治，谱写新的篇章。我们用“龙的精神，玉的品质”来助力您实现梦想！

策划人：樊清玉

邮箱：qingyuf@ sina. com

2017 年春

当前我国经济正逐步转向高质量发展阶段，创新发展及产业和消费“双升级”成为经济发展的关键驱动因素，企业战略转型势在必行，诸多企业也开始谋求新的战略定位。不同的企业战略定位不仅对企业自身未来的发展前景和风险敞口具有实质性影响，同时也会对外部利益相关者及资本市场产生冲击。因此，如何认识企业战略定位及其溢出效应是尤为重要的。据此，本书以我国A股上市企业为研究对象，分别从外部利益相关者及资本市场视角，研究了企业战略定位的溢出效应问题。

企业的利益相关者包括股东、员工、政府、客户、供应商、审计师等多个群体。虽然企业行为对不同利益相关者的影响存在异质性，但是无差异的是，他们都可能会受到企业战略溢出效应的影响。本书并不试图涵盖企业所有的利益相关者，而是以企业价值和估值为核心，选择与企业的经营活动相关供应商视角、信息披露质量相关的审计师视角，以及与企业股价特质波动及暴跌风险相关的投资者视角，考察企业战略定位的溢出效应问题。具体而言，供应链价值是企业整体价值的重要组成部分。供应商的稳定性又是供应链稳定性和价值创造的基础。同时，供应商与下游企业之间也极易产生经营性债权债务关系。由于企业战略定位不同，其经营的稳定性、偿付能力及发展前景都存在较大差异。因此，企业战略定位的溢出效应极易对具有紧密业务关系和债权债务关系的供应商造成系统性影响，并进一步影响供应链的价值创造。据此，围绕企业供应商的行为特征，考察企业战略定位的溢出效应，能够较好地识别企业战略定位对企业经营活动稳定性所发挥的作用和可能造成的潜在风险。

综上，企业的战略风险极易造成企业的经营风险及财务风险，而经营风险及财务风险又是企业财务报表重大错报的重要诱导因素。因此，本书有必要进一步考察企业战略定位的溢出效应对审计师行为的影响。这一研究不仅有助于进一步识别企业战略定位溢出效应，所导致的经营风险和财务风险，而且还有助于在风险视角下，识别企业的财务报告质量问题。

进一步而言，企业的信息披露质量又是影响企业股价特质波动和股价极端风险的重要因素。企业特质波动对投资者投资组合有效性造成了冲击，而股价暴跌风险又极大地破坏了市场定价效率，摧毁了投资者财富，因此，这也是投资者较为关注的问题。由于企业战略可能会对企业的经营活动、财务风险及信息披露质量造成较大影响，据此，也就可能会对企业股价特质波动和股价极端风险造成冲击。本书系统研究企业战略溢出效应对企业股价特质波动和股价暴跌风险的影响，不仅有助于提升管理者合理管控企业战略定位所造成的极端风险，而且还有助于提升市场有效性，降低企业达成战略目标的成本。

以上研究主题层层递进、环环相扣，且从多角度充分论证了企业战略定位的溢出效应问题。本书研究不仅有助于推动我国企业的战略转型，优化管理者的战略选择和战略管理，而且也能为经营合作伙伴的经营决策及投资者的投资决策提供参考。

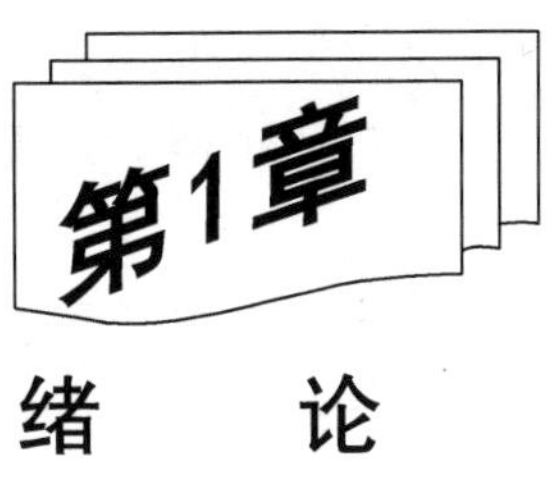

第1章 绪 论

1.1 研究背景和动机

企业战略具有统领性和全局性的作用，其不仅影响企业经营特征、资源整合、管理效能、发展方向和市场适应性，也会对企业的外部利益相关者的决策产生影响。不同的企业战略定位，使企业具有了异质性特征。适宜的战略定位，有利于培育企业核心竞争力，使企业获得竞争优势（李庆华，2004），提升经营业绩（Buzzell 和 Gale，1987）。但现有文献对企业战略定位所造成的经济后果，依然存在分歧。同时，当前已有研究主要集中于企业战略实施过程中，企业自身的内生行为特征及其变化，比如不同战略定位对企业创新投入（Tang 等，2011）、业绩表现（陈收等，2014）、价值相关性（叶康涛等，2014）、盈余管理（叶康涛等，2015；孙健等，2016）、过度投资（王化成等，2016）等方面的影响，而鲜有文献从外部利益相关者决策行为视角，考察企业战略实施影响的溢出效应。

所谓溢出效应，在管理学中主要指企业基于自身利益所采取的决策，对外部利益相关者可能造成的影响。溢出效应本质上体现为个体行为的外部性（王琴等，2015；钱爱民等，2018）。本书在已有文献的基础上，基于我国转型升级背景，对上市公司战略的溢出效应进行系统的理论探索，以期从理论上发现企业战略对利益相关者决策行为及资本市场的影响。具体而言：

第一，考察企业战略溢出效应作用下，企业供应商行为特征的变化。虽然不同的企业战略定位会对企业自身的融资、投资、经营、风险及业绩等方面产生多种影响，但是企业在实施差异化战略定位过程中，还可能会对企业的外部利益相关者产生更广泛的冲击。比如，企业战略差异化定位就可能对供应商决策产生直接影响。其原因可能在于，具有供应链合作关系的供应商拥有相对信息优势（陆正飞和杨德明，2011），以致其更倾向于利用战略信息来解读企业的中长期经营特征，以判断和预测客户企业的业绩稳定性、发展空间及其潜在风险，而非局限于财报中某一较短区间内的历史业绩特征。进一步而言，供应商更可能基于战略信息，设定授予客户企业的商业信用规模。这即有助于维持相对稳定的合作关系，也有助于适度控制自身风险。基于此，本书从企业外部利益相关者决策行为变化视角，系统考察企业战略定位差异对企业获取外部商业信用的影响及其内在机理，以期明晰企业战略定位差异影响的溢出效应，以及其价值特征和潜在风险。通过本书研究，也将有助于优化企业发展战略定位决策，降低企业战略定位差异的溢出效应对企业外部利益相关者的负面冲击，为企业达成战略目标提供更有效的外部支撑。

第二，考察企业战略溢出效应对审计师行为的影响。《中国注册会计师审计准则第 1211 号——了解被审计单位及其环境并评估重大错报风险》（简称《1211 号审计准则》）中第十九条指出：“注册会计师应当从被审计单位的目标、战略以及相关经营风险等方面了解被审计单位及其环境。”并且，《1211 号审计准则》认为，注册会计师应该重点关注可能导致财务报表重大错报的相关经营风险，而经营风险又主要源于企业不恰当的经营目标和战略选择。由此可见，企业战略选择是影响注册会计师判断企业审计风险，确定审计程序和实质性测试范围的重要参考因素，而注册会计师对企业审计风险评估和工作量投入又进一步体现为注册会计师的经济利益，即基于审计定价而确定的审计收费。基于此，本部分基于事务所审计定价视角，全面探索企业战略定位的溢出效应下，审计师的审计定价决策，以进一步验证企业战略定位对公司信息质量及资本市场可能存在的影响。

第三，基于本书前两部分研究的基础上，并结合相关文献，进一步考察企业战略定位的溢出效应对资本市场中股票特质波动的作用和影响。企业战略定位会导致企业面临的风险和信息环境存在显著差异。根据已有文献，不确定性和信息不对称均是导致股价特质性波动上升的重要原因（Miller，1977；Shleifer，2000；Hirshleifer，2001；Chan 等，2008；Dasgupta 等，2010；Hassan 和 Mertens，2017）。因此，企业战略可能对股价特质性波动存在重要影响。尤其对战略激进的企业而言，鉴于其面临的经营复杂性、不确定性和信息不对称性越高（王玉涛和段梦然，2019；Habib 和 Hasan，2018），股价特质性波动也会更高，企业特质风险增加，影响股票预期收益。但是，尚未有文献从企业战略层面出发，对股价特质性波动问题进行深入研究。因此，本书关注企业战略定位对股价特质性波动的影响较有新意具有一定理论意义和实践价值。

第四，在第三部分基础上，进一步探讨企业战略定位的溢出效应可能对资本市场极端风险的影响。近年来，股价暴跌现象的频发使学者们开始关注背后的根本原因，比较一致的结论认为是由于负面消息的隐藏积累，在时间滞后的某一阶段集中释放，对股价造成的极大负面冲击，其本质是股票价格向股票价值迅速回归的过程。这一观点将股价崩盘风险与传统意义上简单的波动性加以区分，即经营的不确定性质虽然会加大公司业绩波定性，但是并不一定会带来向下偏度的大幅增加，即股价的“灾难性”的下跌。那么，公司战略的差异到底会怎样影响股价崩盘的风险呢？为了解决上述疑问，本书以我国沪深 A 股上市公司为样本，将公司视为一个整体，从中观层面研究分析企业战略的选择对股价崩盘风险的影响，并进一步探究其对股价暴跌产生影响的路径。

1.2　问题提出与研究思路

本书以中国上市公司企业为研究样本，研究了企业战略定位溢出效应对利益相关者及资本市场的影响。具体来说，本书首先从企业外部信息优势者视角，考察了企业战略定位对供应商及审计师的影响，然后在此基础上分别从股票特质波动和股价崩盘风险两个视角，考察企业战略定位溢出效应对资本市场中投资者行为的影响。

研究思路图如图 1－1 所示。具体而言，本书主要研究了以下四个方面的问题：

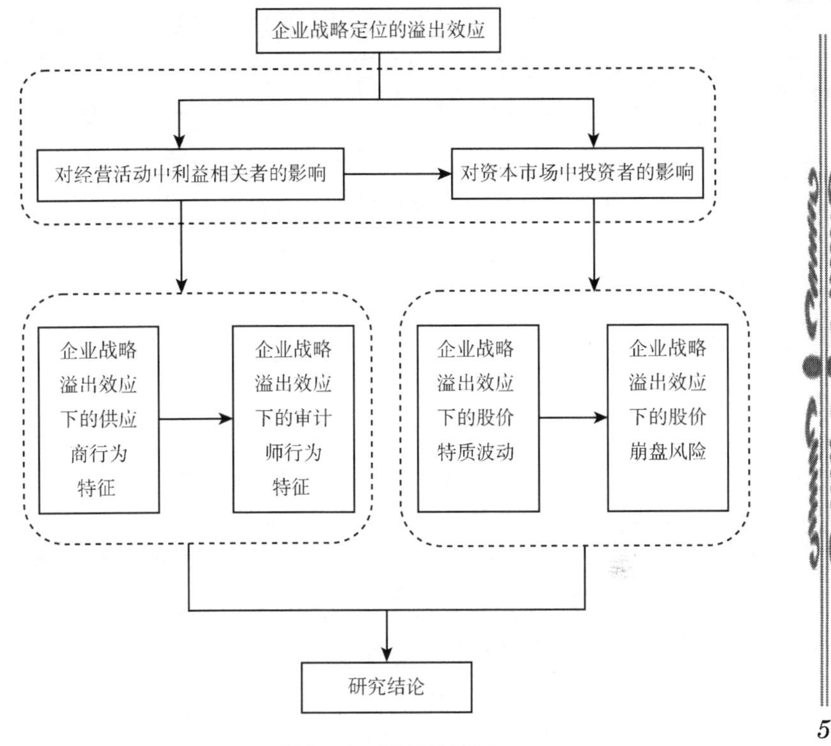

图1-1 研究思路图

第一，基于企业获取的商业信用规模视角，研究企业战略定位与供应商之间的关系。对应文中第3章的内容。这一部分重点研究我国上市公司企业战略定位溢出效应对与企业经营活动有直接关系的利益相关者行为的影响。本书之所以首先选择供应商行为作为切入点来探究企业战略定位溢出效应问题，是因为：具有供应链合作关系的供应商拥有相对信息优势（陆正飞和杨德明，2011），以致其更倾向于利用战略信息来解读企业的中长期经营特征，以判断和预测客户企业的业绩稳定性、发展空间及其潜在风险，而非局限于财报中某一较短区间内的历史业绩特征。进一步而言，供应商更可能基于战略信息，设定授予客户企业的商业信用规模。这即有助于维持相对稳定的合作关系，也有助于适度控制自身风险。基于此，本书从企业外部利益相关者行为变化视角，系统考察企业战略定位差异对企业获取外部商业信用的影响及其内在机理，以期明晰企业战略定位差异影响的溢出效应，以及其价值特征和潜在风险。通过本书研究，也将有助于优化企业发展战略定位决策，降低企业战略定位差异的溢出效应对企业外部利益相关者的负面冲击，为企业达成战略目标提供更有效的外部支撑。

第二，基于审计定价视角，研究企业战略与事务所审计定价行为调整的关系。对应文中第4章的内容。这一部分在第一部分研究的基础上，进一步研究从审计师如何评价企业战略定位，以及企业战略定位溢出效应将对审计师审计行为的影响。具体而言，本书之所以选择审计定价调整视角作为切入点来探究企业战略定位溢出效应及其影响问题，是因为：

从财务行为视角看，财务报告质量越低，审计风险越高（蔡春和谢柳芳，2015）。张天舒和黄俊（2013）发现较高的会计舞弊动机，会增加事务所的诉讼风险，从而要求更高的审计费用对其面临的风险进行补偿。在风险导向审计准则的要求下，审计师需要更多的职业谨慎和怀疑，势必会增加审计程序，扩大实质性审计测试范围，最终造成审计成本增加（齐鲁光和韩传模，2016）。

《中国注册会计师审计准则第1211号——了解被审计单位及其环境并评估重大错报风险》中第十九条指出："注册会计师应当从被审计单位的目标、战略以及相关经营风险等方面了解被审计单位及其环境。"并且，该准则认为，注册会计师应该重点关注可能导致财务报表重大错报的相关经营风险，而经营风险又主要源于企业不恰当的经营目标和战略选择。由此可见，企业战略定位是影响注册会计师判断企业审计风险，确定审计程序和实质性测试范围的重要参考因素，而注册会计师对企业审计风险评估和工作量投入又进一步体现为注册会计师的经济利益，即基于审计定价而确定的审计收费。

第三，基于股价特质波动视角，并在前两部分基础上，进一步考察企业战略定位的溢出效应对资本市场的冲击和影响，对应第5章的内容。信息环境越差或投资者具有更多的非理性特征，噪声交易就会越多，股价特质性波动风险越大。由于企业战略定位会导致企业面临的风险和信息环境存在显著差异。根据已有文献，不确定性和信息不对称均是导致股价特质性波动上升的重要原因（Miller，1977；Shleifer，2000；Hirshleifer，2001；Chan等，2008；Dasgupta等，2010；Hassan和Mertens，2017）。因此，企业战略的溢出效应可能对股价特质性波动存在重要影响。但是现有文献主要从企业某一特定行为或外部市场环境视角，而缺乏从企业战略层面，探讨股价特质性波动问题。

第四，基于股价崩盘风险视角，第三部分基础上，进一步探讨企业战略定位的溢出效应可能对资本市场极端风险的影响，对应第6章的内容。近年来股价暴跌现象的频发使学者们开始关注背后的根本原因，比较一致的结论认为是由于负面消息的隐藏积累，在时间滞后的某一阶段集中释放，对股价造成的极大负面冲击，其本质是股票价格向股票价值迅速回归的过程，这一观点将股价崩盘风险与传统意义上简单的波动性加以区分，即虽然经营的不确定性质会加大公司业绩波定性，但是并不一定会带来向下偏度的大幅增加，即股价的“灾难性”下跌。那么公司战略的差异到底会怎样影响股价崩盘的风险呢？为了解决上述疑问，本书以我国沪深A股上市公司为样本，将公司视为一个整体，从中观层面研究分析企业战略的选择对股价崩盘风险的影响，并进一步探究其对股价暴跌产生影响的路径。

1.3 研究内容与逻辑框架

本书的基本逻辑架构图如图1－2所示。本书分为7章：

第1章为绪论。首先，介绍了本书的研究背景、理论基础及相关争论，据此引出本书的研究主题。其次，对溢出效应、企业战略、企业战略的溢出效应、审计定价、股票特质波动以及股价崩盘风险等核心概念进行界定。再次，简述了本书的主要研究内容和逻辑结构。最后，论述了本书可能存在的理论创新和实践意义。

第2章为文献综述及理论分析。本章对企业战略定位、商业信用、审计定价、股票特质波动及股票崩盘风险的理论实践及现有文献进行了回顾与评价，并阐述了相应的理论基础，总结了现有文献研究可能存在的不足，并在此基础上提出本书的研究贡献。其中，在企业战略文献部分，重点梳理了不同企业战略定位的价值和潜在的风险，并在此基础上，结合中国的制度背景，分析了当前研究中依然有待解决的问题。在商业信用部分，重点梳理了商业信用的成因、制约因素等相关文献。在审计定价文献回顾部分，梳理了审计定价的影响因素及其经济后果的相关文献，并在此基础上深入分析了从企业战略层面方面进一步拓展研究的可能性和可行性。在股价特质波动部分，梳理了股价特质波动的动因、后果，以及当前文献中存在的争议，并提出了可能的研究空间。在股价崩盘风险部分，梳理了股价崩盘风险的原因，并提出了本书研究价值。最后，在以上文献分析的基础上，从总体上论证文献可能存在的不足，并提出本书可能存在的研究贡献。

第3章为本书第一个重要的实证研究主题，即企业战略定位的溢出效应与商业信用，这一部分重点研究我国上市公司企业战略定位溢出效应对与企业经营活动有直接关系的利益相关者行为的影响。本章首先从整体上考察企业战略定位差异对企业获取商业信用的影响，而后通过工具变量法、调整商业信用衡量方法及采用固定效应模型等方法，进行稳健性建议。在此基础上，本章还从信息质量、融资约束以及风险承担水平等方面，探讨了企业战略定位溢出效应对商业信用的影响的内在机制。最后，本章还进一步研究了企业提供的商业信用变化趋势及商业信用净额变化特征。

第4章为本书第二个重要的实证研究主题，即企业战略定位与事务所审计定价行为调整，以期从进一步企业外部利益相关者视角研究企业战略定位的溢出效应问题。本部分首先检验了企业战略定位对审计定价的整体影响，并在此基础上采用工具变量法等，进行稳健性检验。然后，本章从信息透明度、外部监督制约因素，以及企业内部控制质量差异等视角，考察战略定位对事务所审计收费影响的内在机理。最后，进一步对企业性质进行细分，探讨在不同企业类型下，企业战略溢出效应对审计定价的影响。同时，本章还探讨了当审计定价发生变化后，审计质量的变化特征。

第5章为本书的第三个重要的实证研究主题，即企业战略定位的溢出效应与股票特质波动，以期在前两部分考察企业战略定位的溢出效应对利益相关者影响的基础上，明晰企业战略定位的溢出效应还会对资本市场中投资者造成怎样的冲击和影响。本章首先检验了企业战略定位下的股票特质波动特质，然后从投资者异质信念视角，检验企业战略影响股价特质性波动的内在机理，并在此基础从信息环境及公司治理两个层面，寻求如何缓解企业战略定位可能对股票特质风险的不良影响。最后采用外生事件冲击、工具变量法，以及采用文本分析方法替换公司战略的定义等方式，进行稳健性检验。

第 6 章为本书的第四个重要的实证研究主题，即探讨了企业战略定位的溢出效应可能对资本市场中股价崩盘风险的影响。本章以我国沪深 A 股上市公司为样本，首先从公司整体层面，研究分析企业战略的选择与股价崩盘风险的关系，并在此基础上，进一步从公司真实活动盈余管理视角，考察其内在影响机制。

第 7 章是本书的研究结论。对本书的主要研究结论进行了总结、评述，并进一步综合分析了本书的理论贡献、实践意义以及局限性。

基于以上研究内容，本书构建了如下逻辑框架图 1 - 2。

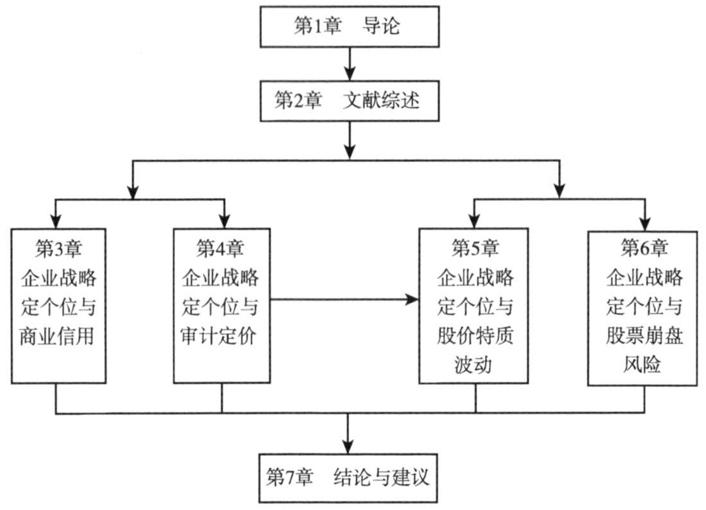

图 1 - 2 结构框架图

1.4　研究主要创新点及实践意义

1.4.1　研究贡献

本书的研究贡献主要体现在以下五个方面：

第一，已有文献主要是从融资需求（Barton 和 Gordon，1988）、竞争条件下的战略平衡（Deephouse，1999）、企业投资（Hill 等，2010；王化成等，2016）、企业业绩（Tang 等，2011）、会计信息的价值相关性（叶康涛等，2014），以及盈余管理（叶康涛等，2015；孙健等，2016）等方面，研究了企业战略定位对企业自身行为及发展的影响，但这些研究更多的体现为一种内在经济后果。本书主要从企业外部利益相关者行为及资本市场风险视角，考察企业战略定位差异所带来的外溢效应，进一步拓展现有文献的研究框架，丰富了企业战略定位经济后果的理论研究。

第二，本书对商业信用这一研究领域也有一定贡献。已有文献主要从信任与交易成本（刘凤委等，2009）、银行贷款与商业信用的关系（Petersen 和 Rajan，1997；刘仁伍和盛文军，2011）、产能治理（于博和 Gary Gang Tian，2018）、货币政策（陆正飞和杨德明，2011；饶品贵和姜国华，2013）、内部控制（郑军等，2013）、市场地位（张新民等，2012；刘欢等，2015）、产权性质（余明桂和潘红波，2010；应千伟和蒋天骄，2012）等企业某一具体微观行为特征，对企业商业信用关系展开研究。但鲜有文献从企业整体战略层面，考察企业商业信用的行为特征。因此，本书拓展和丰富了商业信用的相关理论研究。

第三，从企业战略视角丰富了审计收费的相关研究。虽然《1211号审计准则》强调了注册会计师在审计过程中应该重点考虑企业战略定位等对审计风险的可能影响，但目前鲜有文献考察相关问题，由此本书从企业整体战略层面考察事务所的审计定价问题，丰富和拓展了相关理论研究，并对在实务中事务所的审计定价具有实践指导意义。

第四，丰富了股价特质性波动影响因素的相关研究。特质性波动主要受私人信息交易或噪声交易驱动，现有文献从产权保护（Morck等，2000）、市场竞争（Peress，2010）、会计信息质量（Hutton等，2009）等角度对特质性波动的影响因素进行了诸多探讨，但鲜有研究关注企业战略这一重要影响因素。而本书的结论不仅发现了企业战略定位的溢出效应对特质性波动的影响，还提出了企业行为影响资本市场的一条新途径。

第五，丰富了股价暴跌概率的影响因素。将企业作为一个整体，强调整体战略定位溢出效应所可能对资本市场投资者带来的极端风险问题。

1.4.2 实践意义

本书的实践意义主要体现在以下四个方面：

第一，本书研究结论有助于为我国企业的战略转型、管理者的战略选择和战略管理、投资者的投资决策提供参考和借鉴，具有重要的现实意义。

第二，当企业实施战略差异定位时，如何获取供应商的认可和支持，对企业战略转型和发展具有重要的意义。本书研究结论在一定程度上反映出，企业实施战略差异定位时，供应商的顾虑及其风险关注点，从而有助于企业优化战略定位，降低战略定位差异溢出效应的负面冲击。因此，本书对实施差异化战略定位企业的经营决策，具有一定的理论指导意义。

第三，从企业战略定位的溢出效应视角丰富了审计定价的相关研究，已有文献从客户规模（Simunic，1980）、资产结构（Firth，1985）、业务复杂度（Francis，1984）、审计风险（张继勋等，2005；刘继红和周仁俊，2007；冯延超和梁莱歆，2010）、事务所特征（DeFond 等，2000）、治理结构（Abbott 等，2003；蔡吉甫，2007；张奇峰等，2006；Kim 等，2015）、控制风险（戴捷敏和方红星，2010；张旺峰等，2011；盖地和盛常艳，2013）、外部金融环境（张天舒和黄俊，2013）、外部监管与治理（李爽和吴溪，2004；冉明东和贺跃 2014）、集团统一审计（伍利娜等，2012；王春飞等，2010）、企业诉讼和违规（冯延超和梁莱歆，2010；张俊瑞等，2015）等对事务所审计费用进行了深入研究。但目前鲜有文献考察企业战略因素的溢出效应对审计定价的影响，由此本书从企业战略定位的溢出效应视角考察事务所的审计定价问题，丰富和拓展了相关理论研究，并对在实务中事务所的审计定价具有实践指导意义。

第四，本书为监管层面提出了新的关注重点，即企业的真实活动盈余管理，特别对处在行业竞争激烈，企业集中度较高，彼此战略差异不明显的行业、企业进行重点监控，这不仅仅要求证监会等国家层面高度关注，会计师事务所作为社会审计机构，也应发挥其作用。因为国际四大较高的审计标准和风险控制意识，可以显著降低企业的会计盈余管理，但是对于影响更深远真实盈余管理却还没有实行很有效的方法。同时，消除了投资者的误解，提醒投资者，企业较高的研发投入、较多的广告宣传等差异化战略选择并不代表着未来的股价崩盘风险加剧，不能以不理解为由先入为主地产生对公司错误的判断。

第2章 文献回顾与述评

2.1 企业战略定位相关文献

企业战略是确定企业长远目标，并为实现目标而配置资源的一系列有组织的行动（Chandler，1962）。企业战略是一种积极的管理选择（Litov 等，2012），是企业获取竞争优势的关键，受到了学术界的广泛关注和重视。

企业战略不同，企业的经营目标、盈利模式、市场机会、技术水平、产品类型、组织结构、资源配置方式、信息环境也会不同（Chandler，1962；Miles 和 Snow，2003；Bentley - Goode 等，2019；王化成等，2019）。学者们对企业战略的分类进行了诸多尝试，其中 Miles 和 Snow（1978，2003）按照战略激进程度将战略划分为进攻型、分析型和防御型，进攻型战略主要通过创新获取新资源来赢得市场地位，防御型战略通过效率改进利用现有资源获取竞争优势。进攻型战略和防御型战略分别类似于 Porter（1980）的产品差异型战略和成本领先型战略，或者 March（1991）的探索型战略和开发型战略。

企业战略是影响企业财务管理行为和外部利益相关者行为的重要因素。与防御型战略相比，进攻型战略在创新成功时往往能带来更大的企业发展和经济收益，但其失败与成功的比率也更高（March，1991）。因此，进攻型企业往往会面临更大的经营风险和不确定性，产生的坏消息也会更多。Bentley 等（2013）研究发现，进攻型企业发生财务欺诈的概率更大，审计费用更高。与防御型企业相比，进攻型企业的税收规避（Higgins 等，2017；袁蓉丽等，2019）和违规倾向（Tang 等，2011；孟庆斌等，2018）也更高。Navissi 等（2017）研究发现，由于进攻型企业更倾向于采用长期股权薪酬激励计划，进攻型企业的管理者更可能会为了最大化股价表现而过度投资。由于进攻型企业对创新项目投入巨大，因而更需要依赖外部融资，孙健等（2016）通过实证检验发现，进攻型企业的融资需求更大，从而导致了更为严重的盈余管理。王化成等（2017）进一步发现进攻型企业的权益资本成本也更高。此外，战略越激进的企业，管理层业绩预告的精确性更低（王玉涛和段梦然，2019），信息披露的可读性更差（Habib 和 Hasan，2018）。

从上述文献可知，已有研究主要关注了企业战略的内在经济后果，但有关企业战略的外在经济后果，有待进一步研究。Habib 和 Hasan（2017）和 Jia（2018）从股价崩盘风险的视角对企业战略的资本市场后果进行了考察，发现战略越激进的企业，股价崩盘风险的概率也越高。但股票崩盘风险与被隐藏的负面信息的集中释放有关，且投资者是相对的被动承担者。而股价特质性波动作为资产价格的重要因素，其一方面依赖于企业自身特征，另一方还取决于投资者的认知。因此，有待从理论上探讨企业战略是否以及如何影响股价特质性波动的相关问题。

2.2 商业信用相关文献

由于在行业间的竞争和发展中，受到相似的行政监管、专家意见以及行业模仿等因素的影响，企业会逐渐形成一套常规战略模式（Meyer 和 Rowan，1977；Di Maggio 和 Powell，2000）。而在行业内部，不同企业战略与行业常规战略又有着不同程度的差异。通常采用常规战略的企业面对的战略风险较低。但与此同时，在市场中此类企业也易招致更为激烈的竞争（Geletkanycz 和 Hambrick，1997；Deephouse，1999）。因此，常规战略极易制约企业业绩水平，以致无法引起更多投资者的关注，从而会影响企业再融资行为。当企业具有较高的战略定位差异时，虽然可能会给企业带来一定的经营风险，但也可能会为企业提供超常规发展的机会，并有可能取得行业领先地位，获取超额利润（Geletkanycz 和 Hambrick，1997）。Hiller 和 Hambrick（2005）、Tang 等（2011）等研究发现，战略差异度和企业经营业绩之间显著正相关。企业战略差异度大，企业的资产规模与营业利润发展空间越大，且当企业的战略呈现出独特性时，利益相关者将给予积极的反应（Cuellar 和 Gertler，2006）。甚至即便差异化战略可能会导致现金流的稳定性降低，但是当企业处于成长期时，现金流不确定性反而能够促进企业研发投资、提升企业价值（崔也光等，2019）。由此可见，对于企业未来发展有着重大影响的战略定位决策，也将可能会影响供应商的判断和预期，从而产生企业战略定位差异下的溢出效应。

供应商作为企业重要的外部利益相关者，与企业有着相对稳定的经营合作关系。尤其是在经营过程中，形成的商业信用，进一步强化了供应商与下游企业之间的内在联系。商业信用是企业在购买商品时，通过延期付款的形式，占用其他企业资金的一种行为（Amiti 和 Weinstein，2011）。从融资的角度来看，商业信用相当于卖方为买方提供的短期贷款。商业信用能够缓解银行与企业之间较高的信息不对称程度所造成的信贷配给问题，降低企业的融资约束（Biais 和 Gollier，1997；Fisman 和 Love，2003；Burkart 和 Ellingsen，2004；孙浦阳等，2014）。因此，在全球企业间的业务来往中，商业信用都具有普遍性（Rajan 和 Zingales，1995；Petersen 和 Rajan，1997；Demirgüç - Kunt 和 Maksimovic，2001；Fisman 和 Love，2003；Preve 等，2005）。尤其在我国现行金融体系之下，金融市场化改革相对滞后，信贷市场存在较明显的歧视性特征，企业（特别是非国有企业）融资渠道较少，商业信用不可避免地成为企业外部融资的重要来源（Allen 等，2005；Ge 和 Qiu，2007；余明桂和潘红波，2010）。因此，商业信用在一定程度上缓解了金融抑制条件下所产生的融资约束问题（Allen 等，2005；Ge 和 Qiu，2007；刘仁伍和盛文军，2011；胡海青等，2011；张杰等，2013；孙浦阳等，2014）。

对于企业战略定位差异度高的企业而言，由于无法直接利用和借鉴市场上的成熟经验和渠道，通常具有较高的研发投入和销售成本。而企业资金投入力度加大，势必会造成更高的融资需求（孙健等，2016）。但是，由于较高战略差异度造成的经营风险以及信息不对称问题，会导致融资难度提高、融资成本增加。正如王化成等（2017）研究表明，较高的战略差异度显著地增加了公司权益资本成本。由此可见，受战略定位差异度较高的影响，在传统融资渠道受限的情况下，企业可能更倾向采用商业信用的模式，以缓解战略定位差异所导致的融资困境。

另外，较高的企业战略定位差异度，意味着企业需要更多的自我探索，具有较高的不确定性和风险（殷治平和张兆国，2016），以致不仅可能造成效率的损失（Geletkanycz 和 Hambrick，1997），还会导致收益下滑（Montgomery 和 Singh，1984）。甚至受较大战略差异度的影响，企业可能会出现较高的违规风险，更易发生财务重述及其他财务不端行为（Bentley 等，2013）。而财务不端行为，极易造成对外部利益相关者产生误判，致使其变得更加谨慎和保守（钱爱民和朱大鹏，2017；马晨等，2019）。已有研究也发现，战略差异度大的企业，不仅要承受较高的经营和市场风险，业绩的可预测性降低（Carpenter，2000），而且信息不对称程度也会进一步增加，以致外部利益相关者更难准确识别企业的战略意图。叶康涛等（2015）、孙健等（2016）基于我国市场都发现企业战略与盈余管理呈正相关关系。刘会芹和施先旺（2018）、何玉润和徐云（2017）发现随着企业战略差异度的提高，分析师预测准确性降低、跟踪人数下降。而分析师又是影响企业商业信用规模的重要因素。黄波和王满（2018）研究发现分析师跟踪人数下降，不利于企业获取商业信用融资。不仅如此，受较高战略差异度影响，审计风险增加，审计师谨慎性也会提高（王百强和伍利娜，2017）。同时，较高的战略定位差异还会导致企业信用评级显著降低（翟淑萍等，2018），以及权益融资成本显著上升（王化成等，2017）。由此，受企业战略定位差异风险制约，供应商在提供商业信用时，也可能会变得更加谨慎。

综合以上理论分析，虽然当前文献对企业战略定位的经济后果进行了诸多有益的研究，但是尚有争议之处。同时，在统计上也不清楚企业差异化战略定位对供应商商业信用决策影响的内在机理及经济后果。对此，有必要做进一步的理论分析和实证检验。

2.3 审计定价相关文献

审计师对被审计公司财报等进行审查并发表独立意见，高质量的审计有助于提高会计信息的可靠性，降低信息不对称所导致的风险（王春飞等，2013；Francis，1984），并能改善公司治理（Fan 和 Wong，2002），维护企业利益相关者的合法权益，尤其是维护中小股东的正当利益（王春飞等，2010），而审计质量又主要依赖于审计师所受获得的经济激励机制和法律制约。审计收费作为会计师事务所与被审计单位之间的经济纽带，会对审计独立性和审计质量产生影响，因此审计收费一直是理论界、实务界和监管层重点关注的对象。

根据已有研究，审计投入、审计风险及议价能力等都会对审计费用产生影响（Simunic，1980；Casterella 等，2004）。Simunic（1980）研究认为审计收费与企业特征、事务所声誉及面临的风险等因素有关，此后学者逐渐拓展了审计收费的相关研究，并形成了较为丰富的研究成果。

审计收费指的是被审计单位给予会计师事务所（简称事务所）的回报，审计收费反映了审计师在进行审计工作之前对于预期投入的估计，同时体现为会计师事务所要求的风险补偿（伍利娜，2003）。Kim 等（2012）以实施国际财务报告准则（IFRS）为背景，发现审计复杂性导致了审计收费的增加，而企业自身良好的信息披露质量会降低审计收费。企业错报概率越低，审计师面临的风险越小，因此，对审计收费的研究不仅有助于了解审计收费的影响因素和定价机理，还有助于探索审计师独立性和审计质量等相关问题（伍利娜等，2012）。审计师在审计过程中面对被审计企业业务复杂度越高，估计的审计风险越大，实施的特定审计程序越多，审计收费就越高（王雄元等，2014）。Hogan 和 Wilkins（2008）以审计收费作为审计师努力程度的代理变量，研究表明审计师会通过增加审计努力程度即提高审计收费，以维持可以接受的总体审计风险水平。Cairney 和 Stewart（2015）研究了客户同质性与审计收费之间的关系，当审计对象的处于相似的行业中时，审计师将会使用类似的审计程序，平均审计成本较低，从而导致审计师收取更低的审计费用。

根据风险导向审计模型，审计风险主要源于企业的重大错报风险，以及审计师的检查风险，而重大错报风险又依赖于固有风险和控制风险，因此当企业的固有风险和控制风险较高时，审计师为了控制审计风险，必然会增加审计程序，扩大审计范围，增加实质性测试，以降低检查风险，从而导致审计收费增加（戴捷敏和方红星，2010）。因此，风险导向审计模式下，审计收费与财务报告风险呈正相关关系（Charles 等，2010），审计师根据固有风险和控制风险来设定具体工作方案，并确定审计收费（戴捷敏和方红星，2010）。诸如当企业面临激烈的市场竞争，使企业经营风险较高时（邢立全和陈汉文，2013），或者被审计企业存在未决诉讼，尤其是存在出具非标审计意见时，事务所会收取更高的审计费用（张俊瑞等，2015）。Pratt 和 Stice（1994）审计师评估企业法律诉讼风险的依据主要基于企业的整体财务特征，较差的财务特征会促使审计师收集更多的审计证据，收取更高的审计费用，而较高的审计收费反映了收集审计证据的数量和额外的法律诉讼风险溢价，由此看审计收费中含有审计师未来可能面对法律诉讼风险的一种保险溢价。Seetharaman 等（2002）基于法律诉讼环境和审计师薪酬披露情况，研究了法律风险与审计收费之间的关系，研究发现英国企业在美国上市将会支付更高的审计费用，但更高的审计收费并非源自美国证券监管部门更严格的信息披露要求，而是源于责任制度下的风险差异。Koh 等（2016）从财务报表分类视角，研究发现较高的审计费用并不是审计人员加大努力以减少检测风险的结果，也不是由于财务报告质量降低而产生的内在风险和控制风险增加的结果。较高的审计费用来自审计员对客户法律诉讼风险和审计师业务风险的法律诉讼风险评估。Leventis 等（2013）研究了处于“罪恶”行业的企业的审计定价问题，当企业处于酒类、武器、赌博、军事、核电或烟草等偏离社会规范的行业时，将会加剧此类企业的商业风险和法律诉讼风险，并因此影响审计师对审计业务风险的评估。另外，张铁铸（2003）还发现事务所对 ST 和 PT 类公司收取了更高的审计费用。

企业财务盈余操纵行为也会对审计定价产生影响。蔡春和谢柳芳（2015）发现高管的审计工作背景可能会导致公司实施真实盈余管理行为，降低财报的信息质量，增加了审计风险，从而提高了审计收费。同样，当企业试图通过承担更多的社会责任以掩盖其盈余操纵等不当行为时，不仅会导致审计师实施更多的审计程序，也会提高审计师对审计风险的估价，由此会产生较高的审计费用（陈峻等，2016）。Lawson 和 Wang（2015）研究认为审计人员在定价决策中反映了公司股利政策的盈余质量信息内容，其研究发现股利是审计师评估客户盈余质量的重要参考依据，审计师对分红客户收取的审计费用少于不支付股息的客户，并进一步发现审计费用与盈余持续性之间的负相关关系对股利公司的影响更为显著；股利派息缓解了盈余操纵风险与审计费用之间的正相关关系，因此，股息通过提高客户的盈余质量信息来降低审计风险。Hogan 和 Wilkins（2008）发现由于内部控制缺陷的公司具有更高的固有风险和信息风险，因此内部控制缺陷越高的公司，其审计收费增加也越迅速。Lee（2016）认为如果企业IPO 前存在内部控制缺陷，那么审计师会对 IPO 前的财务报告审计收取更高的审计费用。

良好的公司治理可以降低审计收费（潘克勤，2008）。倪小雅等（2017）基于最优企业理论，认为股权激励降低了管理层的短视行为，抑制了财务激进动机，使财报错报风险降低，事务所审计收费下降。Gul 等（2003）检验了应计盈余管理、管理层持股、管理层报酬和审计收费的关系，研究发现应计盈余管理与审计收费显著正相关，当管理层持股比例较高时，管理层较少采用操纵性应计获取短期利益，因此，管理层持股可以显著负向影响两者之间的正相关关系，但较高的管理层薪酬对两者的负向影响较弱，即间接表明较高的管理层持股有助于缓解企业的盈余操纵行为，从而降低了审计收费，但是较高的管理层薪酬却不能起到相应的作用。Carcello 等（2002）从董事会特征视角，研究了审计定价问题，其研究发现独立性更高、更勤勉尽责、专业水平更高的董事会基于保护他们的声誉资本，避免法律诉讼以及促进股东权益最大的视角考虑，可能对审计质量有更高的需求，由此促使审计师付出更多的努力，产生了更高的审计成本，从而造成事务所制订较高的审计定价。Jia（2017）认为由于晋升锦标赛激励机制的影响，会导致管理层更高水平的风险承担和财务不端行为，因此，晋升锦标赛激励机制与审计收费显著正相关，而这种关系受约于 CEO 轮换和外部继任者，另外，当公司存在大量异常应计或经历了更差的业绩表现时，或者 CEO 即将退休时，也会降低晋升锦标赛激励机制与审计收费的正相关关系。Bryan和Mason（2016）发现CEO薪酬的大幅度降低对审计师的风险感知存在影响，极端的CEO薪酬降低将会导致CEO操纵财务报告或做出风险较高的运营决策，以试图提升公司业绩，而这种机会主义行为可能会影响审计师对审计风险的评估和事务所的经营风险，从而导致更高的审计定价。Gul等（2018）考察了管理层能力、财务困境与审计费用之间的关系，研究发现，较高的管理层能力增加了财务困境企业的审计费用，降低了非困境企业的审计费用。进一步研究发现，当企业处于财务困境时，具有高能力的管理者，表现出较低的应计质量和较高的财务重述可能性；具有较强能力的管理者更可能利用较低的应计质量，实现股权报酬最大化，并有效应对债务再融资压力，从而需要审计师更多的审计努力，并导致更高的审计费用。Pong和Whittington（2010）基于澳大利亚资本市场背景，研究了审计委员会以及内部审计特征与外部审计收费的关系，研究发现审计收费与审计委员会和企业对更高水平的审计质量需求相关，如果企业存在审计委员会（尤其是委员会具有更高的专业水平）、更高频次的委员会会议和增加内部审计，将会支付更高的外部审计收费。Badertscher等（2014）从股权特征视角研究了股权性质与审计定价之间的关系，由于公众股权企业可能面临更高的审计风险和诉讼风险，因此审计师需要更多的审计努力，以减少审计失败的风险，以致相对于私有股权企业，审计师对公众股权企业收取了更高的审计费用。Duellman等（2015）研究发现由于过度自信的经理人有可能高估其能力和对项目的未来支付能力，而低估负面事件发生的可能性和影响，导致审计风险增加，由此审计师会收取更高的审计费用，以弥补其所付出的审计努力。但是当过度自信的经理人对公司的财务报告过于自恃或期望降低审计师对其激进的财务行为的监督时，那么对审计服务的需求就会下降，从而只愿意支付相对较少的审计费用，并且也更愿意雇佣行业专长能力水平较低的审计师。同时，如果公司缺乏一个强有力的审计委员会，管理层过度自信与审计收费之间也将呈显著的负相关关系。Huang 等（2014）研究了 CEO 轮换与审计定价之间的关系，研究发现相对于 CEO 自愿轮换（比如退休）而言，CEO 强制轮换（比如解雇），将会产生更高的商业和审计风险，从而导致更高的审计定价，而 CEO 自愿轮换企业与没有发生 CEO 轮换的企业的审计定价无显著差异。Chen 等（2015）发现薪酬 - 股票回报波动性敏感性与审计收费显著的正相关关系，当公司 CEO 年龄更大或者董事长兼任 CEO 时，进一步强化了两者之间的正相关关系，表明审计师在进行审计时考虑了公司经理人的风险承担激励因素，并对企业的风险行为进行了审计定价。Chung 等（2015）认为当存在董事及管理层法律责任险时，管理层个人资产受到法律诉讼风险的保护，管理人员更愿意参与机会主义行为，其机会主义行为倾向增加，因此，董事及管理层法律责任险与审计收费呈显著的正相关关系，表明审计师拥有大量有关管理层机会主义行为的私人信息，其有强烈的动机将管理层机会主义行为纳入其审计定价之中。Beck 和 Mauldin（2014）基于金融危机和经济衰退这一外生事件冲击为背景，研究了审计委员会和 CFO 在审计定价谈判过程中的影响，研究发现在经济衰退期，CFO 权力越大，审计收费降低的越多，研究结论表明虽然规章规定审计委员负责决定和谈判审计费用，但是 CFO 可能依然控制着谈判过程，投资者应该对审计师的独立性持有怀疑态度。

外部社会及市场环境也会对审计定价产生影响。现有文献表明宗教信仰降低了不道德的商业行为和财务报告违规行为的接受程度（McGuire 等，2012；Vitell，2009；Dyreng 等，2012），进一步，Leventis 等（2018）考察了宗教信仰是否会影响美国事务所的定价决策，其将宗教信仰概念化为企业总部所在地理区域内遵守宗教规范的程度，以一个县的信徒人数相对于总人口的比例来衡量宗教信仰强度，研究发现由于宗教信仰作为一种制度化的监督机制，遵守宗教原则减少了股东承担监督代理人的成本，由此降低审计风险和审计成本，从而导致审计定价下降，并进一步研究发现，宗教信仰对审计师的审计定价决策的影响并不依赖于审计师的专业水平，而是取决于审计师在资本市场中的地位和宗教信仰程度。Jaggi 和 Xin（2017）研究发现事务所所处的宗教环境对审计师的审计风险和审计努力具有显著影响，宗教环境越浓厚，审计收费也越低。Wang（2015）基于现有理论对产品市场竞争与审计费用的关系提出了两种相互矛盾的预测。一方面，竞争市场的公司将面临更高的流动性风险、清算风险和财务危机风险，从而提高审计师对客户业务风险的评估。因此，预计审计费用将随着行业竞争力的增加而增加。另一方面，产品市场竞争减轻了股东与经理之间的代理问题，提高了财务报告的准确性，从而降低了审计师对客户审计风险的评估和必要的审计努力。因此，审计师倾向于对更有竞争力的行业的公司收取较低的费用。进一步，其研究通过实证检验了产品市场竞争与审计费用的关系，发现审计师在竞争激烈的行业中对企业的收费较高。这项研究还表明，在一个行业内，审计师对具有更大市场力量的公司收取较低的费用。邢立全和陈汉文（2013）认为产品市场竞争有助于缓解公司代理成本，使固有风险降低，审计师审计成本下降，由此导致审计收费降低。Berglund 和 Kang（2013）从财务报告的社会信任视角出发，认为公司的社会经济特征对外部审计师识别公司审计风险具有重要的参考价值，社会资本能够促进公司信息共享，减少审计师对财务报告的控制和检测风险，并发现审计师对总部设在社会资本较高地区的公司收取较低的审计费用，且与企业社会责任的其他传统维度不同，公司多样性特征与审计费用呈正相关。

也有研究表明企业的资产特征及企业所有权性质也会对审计定价产生影响。Visvanathan（2017）研究发现审计师对无形资产比例较高的公司收取较高的费用，这一结果适用于所有无形资产、商誉类型无形资产和非商誉以外的无形资产，对于账面与市场比率较高的公司来说，这些结果更强。说明与有形资产不同，无形资产对审计人员的判断和复杂性提出了独特的挑战，同时潜在的减值担忧会导致审计师对这些公司收取更高的费用。Liu 和 Subramaniam（2013）从被审计企业产权性质和企业规模的视角，研究了审计定价问题，研究发现国有企业审计收费显著低于非国有企业审计收费，并且相对于地方国有企业，大规模事务所倾向于对中央国有企业收取更低的审计费用，但是小事务所收费特征正好相反。

在特定条件下，审计收费可能会对审计质量产生一定程度的影响（O' Sullivan，2000）。Kinney 和 Libby（2002）认为合理适度的审计收费有助于促进审计师谨慎而努力的工作，并为资本市场提供较高质量的审计报告，进而降低资本市场信息不对称性和代理成本，促进资本市场健康发展（施先旺等，2015）。万东灿（2015）发现审计收费与股价崩盘风险成反比，较高的审计收费能够促使审计师更多地审计投入和更高的职业谨慎，从而提高了审计质量，制约了管理层企图隐藏负面信息的机会主义动机，降低了股价崩盘风险，提高了资本市场的有效性。戴文涛等（2017）以实施新会计准则为研究背景，发现审计收费增加后，企业的财务报告质量有了显著提高。Craswell 等（1995）发现事务所的品牌声誉和行业专长将会导致更高的审计收费，行业专长有助于提升审计质量。

基于以上分析可以发现，已有文献从客户规模（Simunic，1980）、资产结构（Firth，1985）、业务复杂度（Francis，1984）、审计风险（张继勋等，2005；刘继红、周仁俊，2007；冯延超、梁莱歆，2010）、事务所特征（De Fond 等，2000）、治理结构（Abbott 等，2003；蔡吉甫，2007；张奇峰等，2006；Kim 等，2015）、控制风险（戴捷敏和方红星，2010；盖地和盛常艳，2013；张旺峰等，2011）、外部金融环境（张天舒和黄俊，2013）、外部监管与治理（李爽和吴溪，2004；冉明东和贺跃2014）、集团统一审计（伍利娜等，2012；王春飞等，2010）、企业诉讼和违规（冯延超和梁莱歆，2010；张俊瑞等，2015）、宗教文化（Vitell，2009；Dyreng 等，2012；Leventis 等，2018；McGuire 等，2012）等方面对事务所审计费用进行了深入研究，但是事务所对上市公司的审计定价不仅依赖于公司自身的财报披露质量和审计风险，还取决于上市公司整体的战略特征。基于已有研究和上述理论分析，目前鲜有文献考察企业战略因素对审计定价的影响，本书从企业战略定位的溢出效应考察事务所的审计定价问题，能够在一定程度上丰富和拓展相关理论研究。

2.4　股票特质波动相关文献

自 Roll（1988）提出股价特质性波动可由企业特质信息或噪声解释后，学术界关于股价特质性波动体现为信息效应还是噪声效应一直处于争论之中。信息效率论认为股价特质性波动会随着股价中企业特质信息含量的增加而增加（Morck 等，2000；Durnev 等，2003；Jin 和 Myers.，2006；Hutton 等，2009），因为私人信息驱动理性交易会促使股票价格对企业特质信息的吸收（Roll，1988）。当一个企业所处的制度环境和产权保护越好（Morck 等，2000；Li 等，2004）、公司治理水平和信息透明度越高（Ferreira 和 Laux，2007；Jin 和 Myers.，2006），投资者私有信息套利空间越大，企业特质信息融入股价的效率越高，股价特质性波动越强。

噪声论则认为股价特质性波动主要由投资者的非理性噪声交易驱动，与企业特质信息融入股价行为无关（De Long 等，1989；Dasgupta 等，2010；Li 等，2014；Hassan 和 Mertens，2017）。虽然企业特质信息包含有关股票定价的信息，但市场是不完全的，一方面，投资者会因信息获取渠道匮乏、信息挖掘或信息解读能力较差而缺乏真实信息（Hirshleifer 和 Teoh，2003；Kempf 等，2016），另一方面，不确定性和信息不对称会增加投资者的信息获取成本和异质信念（Chan 等，2008；Miller，1977），特质性波动最终由非理性噪声交易驱动。即使是相对理性的机构投资者，此时也会受噪声交易者情绪的影响而“追涨杀跌”。部分学者们通过实证研究也验证了噪声交易效应，他们发现，会计信息质量越差（Dasgupta 等，2010；Chen 等，2012）、产品市场竞争越激烈（Peress，2010；吴昊旻等，2012）、盈余管理程度越高（Rajgopal 和 Venkatachalam.，2011）的企业，不确定性和信息不对称程度越高，融入股价中的企业特质信息含量越少，噪声交易成为价格的主导，导致股价特质性波动更大，企业特质风险更高。此外，机构羊群行为（Hong 等，2005；陈春新等，2017）、投资者异质信念（Danielsen 和 Sorescu，2001；包锋和徐建国，2015）和风险偏好（Barberis 和 Huang，2008）也会对股价特质性波动产生影响。

基于以上文献分析可以发现，信息环境越差或投资者越不理性，噪声交易越多，股价特质性波动越大，企业特质风险越高。同时，根据以上分析和资产定价理论，在不完全的资本市场中，特质风险是被定价的，它直接影响到企业战略目标的实现及投资者的福利，在金融市场中扮演着重要角色。因此，理解特质风险的决定因素和后果非常重要，但是现有文献主要从企业某一特定行为或外部市场环境视角，而缺乏从企业战略层面，探讨股价特质性波动问题。

2.5　股价崩盘风险相关文献

股价崩盘主要是指在非预期情况下，股价突然大幅度下跌的现象，对上市公司而言股价崩盘是严重的经济后果，同时也损害了资本市场的健康发展，侵蚀了投资者的财富。导致股价崩盘的原因具有复杂性。现有文献发现，公司的经营和投资行为（Kim 等，2011；江轩宇，2013；江轩宇和许年行，2015；顾小龙等，2015）、分析师乐观偏差（许年行等，2012）、公司高管特征（李小荣和刘行，2012）、信息披露（叶康涛等，2015；Song，2015；Francis 和 Zhang，2016）、公司治理（王化成等，2015；吴战篪和李晓龙，2015），以及来源于外部的机构投资者持股（An 和 Zhang，2013；许年行等 2013）、媒体报道（罗进辉和杜兴强，2014）和企业社会责任（Kim 等，2014；权小锋等，2015）等，都会对公司的股价崩盘风险产生影响。Jin 和 Myers（2006）认为，随着管理层隐藏的坏消息逐渐累积，隐藏成本增加，突破一定阈值后，坏消息被市场突然集中感知，从而造成股价大幅下跌直至崩盘。因此，股价崩盘风险与公司负面消息的逐渐累积并突然释放有着非常紧密的关系，但根本原因可能在于负面信息无法及时融入股价，导致市场定价机制失灵，从而产生了较高的股价崩盘风险（Hong 和 Stein，2003；Chang 等，2007；Gallmeyer 和 Holli-field，2008；Grullon 等，2015），因此，崩盘风险的高低依赖于市场的价格发现效率。

第3章 企业战略定位与商业信用

3.1 引　言

企业战略具有统领性和全局性的作用，其不仅影响企业经营特征、资源整合、管理效能、发展方向和市场适应性，也会对企业的外部利益相关者的决策产生影响。不同的企业战略定位，使企业具有了异质性特征。适宜的战略定位，有利于培育企业核心竞争力，使企业获得竞争优势（李庆华，2004），提升经营业绩（Buzzell 和 Gale，1987）。但现有文献对企业战略定位所造成的经济后果，依然存在分歧。同时，当前已有研究主要集中于企业战略实施过程中，企业自身的内生行为特征及其变化，比如不同战略定位对企业创新投入（Tang 等，2011）、业绩表现（陈收等，2014）、价值相关性（叶康涛等，2014）、盈余管理（叶康涛等，2015；孙健等，2016）、过度投资（王化成等，2016）等方面的影响，而鲜有文献从外部利益相关者决策行为视角，考察企业战略实施影响的溢出效应。

所谓溢出效应，在管理学中主要指企业基于自身利益所采取的决策，对外部利益相关者可能造成的影响。溢出效应本质上体现为个体行为的外部性（王琴等，2015；钱爱民等，2018）。虽然不同的企业战略定位会对企业自身的融资、投资、经营、风险及业绩等方面产生多种影响，但是企业在实施差异化战略定位过程中，还可能会对企业的外部利益相关者产生更广泛的冲击。比如，企业战略差异化定位就可能对供应商决策产生直接影响。其原因可能在于，具有供应链合作关系的供应商拥有相对信息优势（陆正飞和杨德明，2011），以致其更倾向于利用战略信息来解读企业的中长期经营特征，以判断和预测客户企业的业绩稳定性、发展空间及其潜在风险，而非局限于财报中某一较短区间内的历史业绩特征。进一步而言，供应商更可能基于战略信息，设定授予客户企业的商业信用规模。这既有助于维持相对稳定的合作关系，也有助于适度控制自身风险。基于此，本书从企业外部利益相关者决策行为变化视角，系统考察企业战略定位差异对企业获取外部商业信用的影响及其内在机理，以期明晰企业战略定位差异影响的溢出效应，以及其价值特征和潜在风险。通过本书研究，也将有助于优化企业发展战略定位决策，降低企业战略定位差异的溢出效应对企业外部利益相关者的负面冲击，为企业达成战略目标提供更有效的外部支撑。

据此，本章以 2007 年到 2017 年我国 A 股上市公司作为研究样本，通过考察我国企业战略定位差异与商业信用之间的关系及其内在机制发现：随着企业战略定位差异度的提高，企业获得的商业信用显著降低。通过工具变量法、调整商业信用衡量方法及采用固定效应模型等方法检验后，结论依然稳健。通过影响机制检验发现：首先，在信息质量相对较差时，随着战略差异度的提高，会进一步恶化企业的信息环境，加剧外部供应商解读企业战略意图的难度，增加了供应商所面临的不确定性，从而显著制约了企业获取外部商业信用的规模。其次，在融资约束较为严重时，较高的战略定位差异度会使企业更加依赖外部供应商提供的商业信用。另外，在企业风险承担水平较高、发展空间较大时，即便供应商面临一定的偿付风险，但是也会适度妥协。最后，进一步研究发现，随着企业战略定位差异度的增大，目标企业提供的商业信用也显著降低，但是其获取的商业信用净额却显著增加。

与已有研究相比，本章有以下几点可能的贡献：首先，已有文献主要是从融资需求（Barton 和 Gordon，1988）、竞争条件下的战略平衡（Deephouse，1999）、企业投资（Hill 等，2010；王化成等，2016）、企业业绩（Tang 等，2011）、会计信息的价值相关性（叶康涛等，2014），以及盈余管理（叶康涛等，2015；孙健等，2016）等方面，研究了企业战略定位差异对企业自身行为及发展的影响，但这些研究更多的体现为一种内在经济后果。本章主要从企业外部利益相关者决策行为视角，考察企业战略定位差异所带来的外溢效应，进一步拓展现有文献的研究框架，丰富了企业战略定位经济后果的理论研究。

其次，本章对商业信用这一研究领域也有一定贡献。已有文献主要从信任与交易成本（刘凤委等，2009）、银行贷款与商业信用的关系（Petersen 和 Rajan，1997；刘仁伍和盛文军，2011）、产能治理（于博和 Gary Gang Tian，2018）、货币政策（陆正飞和杨德明，2011；饶品贵和姜国华，2013）、内部控制（郑军等，2013）、市场地位（张新民等，2012；刘欢等，2015）、产权性质（余明桂和潘红波，2010；应千伟和蒋天骄，2012）等企业某一具体微观行为特征，对企业商业信用关系展开研究。但鲜有文献从企业整体战略层面，考察企业商业信用的行为特征。因此，本章拓展和丰富了商业信用的相关理论研究。

第三，本章为企业实施战略定位差异时，如何避免供应链关系紧张、商业信用下滑等风险提供理论支撑。当企业实施战略差异定位时，如何获取供应商的认可和支持，对企业战略转型和发展具有重要的意义。本章研究结论在一定程度上反映出，企业实施战略差异定位时，供应商的顾虑及其风险关注点，从而有助于企业优化战略定位，降低战略定位差异溢出效应的负面冲击。因此，本章对实施差异化战略定位企业的经营决策，具有一定的理论指导意义。

3.2 理论分析与研究假设

企业战略定位差异度对商业信用的影响具有以下两种可能性：

（1）随着企业战略定位差异化的增加，目标企业可能获取更多的商业信用。

从供应商提供商业信用的视角看：

首先，商业信用可以作为产品市场的一种竞争策略（Fabbri和Klapper，2008；余明桂和潘红波，2010；张会丽和王开颜，2019）。石晓军等（2009）发现我国商业信用的使用程度主要取决于上游企业。上游企业基于竞争性需求，通过向客户提供商业信用的方式，避免客户转向其他竞争对手（Cuellar和Gertler，2006；余明桂和潘红波，2010；吴育辉等，2017；张会丽和王开颜，2019)，尤其是锁定那些具有较高潜在竞争优势的企业。由于实施战略差异的企业一旦获取成功，将会获得竞争性资源（Porter，1991）和更优秀的业绩（Buzzell 和 Gale，1987)，从而在一定程度上引领和主导行业发展。因此，如果供应商认可企业战略定位差异所蕴含的价值特征，那么就有可能通过采用提供商业信用的方式，维护长期稳定的合作关系，以降低未来重新加入目标企业供应链合作关系网的成本。

其次，战略差异度大的企业不仅承受较高的经营和市场风险，而且外部利益相关者识别企业战略意图的难度也会提高，业绩的可预测性降低（Carpenter，2000)，以致进一步加剧了银企之间信息不对称程度。而相对于银行，供应商对客户企业的信息获取上更具有优势（Fisman 和 Love，2003)。已有研究表明，由于供应商与企业往往存在长期的业务合作关系，交易双方信息不对称程度相对较低，他们彼此掌握着外部其他利益相关者所不具有的特质信息（Brennan 等，1988)。Burkart 和 Ellingsen（2004）发现供应商对企业现金流、存货和固定资产的监控更为有效。供应商面对损失时也可以利用销售网络做出迅速反应（Cunat，2006)。因此，相对于其他外部利益相关者，供应商对客户企业更易实施有效的监控。供应商的这些优势都可以一定程度上缓解由于信息不对称和风险造成的信用歧视。

从企业获得商业信用的视角看：

首先，对于企业战略定位差异度较高的企业而言，由于无法直接利用和借鉴市场上的成熟经验和渠道，通常具有较高的研发投入和销售成本。企业资金投入力度加大势必会造成更高的融资需求（孙健等，2016)，从而可能造成企业更多的利用商业信用。

其次，战略定位差度较高的企业更易引起同行业、媒体、供应商以及其他利益相关者的关注，并且为了获得更多的外部融资，企业可能更注意提升信息透明度（Keating 和 Zimmerman，1999；Doyle 等，2007）。已有文献发现供应商更愿意为信息不对称性低、信用等级较高的企业提供商业信用（Klapper 等，2012）。陈运森和王玉涛（2010）基于我国市场发现高质量的审计，能够提升交易双方信任度，降低交易中的商业信用成本。

最后，战略定位差异大的企业往往有机会争取行业领导地位，获得超额利润。因此，企业在发展过程中不仅会重视战略的采用，也会更加注重资金的使用效率，并根据自身战略定位来调整融资方式。企业对商业信用的运用本质上就是基于企业资本结构的一种调整决策，并且企业还会利用商业信用管理资金，减少预防性资金需求（Fabbri 和 Klapper，2008）。另外，基于商业信用的买方市场理论，买方在商业信用供需关系中处于强势，因此企业使用商业信用的成本实际上会很低，甚至有可能低于同期银行贷款利率（Giannetti 等，2011）。据此分析，企业战略差异越大，企业利用商业信用的动机越强。

基于以上理论分析，本章提出假设如下：

假设 H1a：企业战略定位差异度越高，企业获得的商业信用越多，即两者呈正相关关系。

（2）随着企业战略差异的增加，目标企业可能获取更少的商业信用。

首先，企业采用差异化战略带来更高的信息不对称：

战略差异度较高时，不仅投资者难以理解企业战略意图和经营模式（Carpenter，2000），而且企业操纵性盈余管理动机增加（叶康涛等，2015；孙健等，2016）、信息不对称的程度提高（Carpenter，2000），被外部利益相关者发现企业违规的概率降低（王化成等，2015；孙健等，2016）。信息质量的降低不仅会抑制企业资本结构优化调整，降低金融资源配置效率（李四海和李娜娜，2018），而且还会对外部利益相关者带来较高的信息风险。何熙琼和尹长萍（2018）、鄢志娟和王姗（2019）等研究发现由于较高的企业战略差异会导致行业信息可比性降低，信息获取成本和风险增加，信息不对称程度升高，以致分析师跟踪人数下降、预测准确性降低及预测分歧度增大。分析师跟踪人数下降、预测准确性降低又将会阻碍目标企业获取商业信用（黄波和王满，2018）。许致维等（2017）研究发现，信息质量对企业商业信用获取和提供都存在显著的影响。

其次，虽然已有研究发现商业信用的债权人较银行具有较明显的信息优势（陆正飞和杨德明，2011），但是较高的战略差异度也给供应商预测目标企业未来业绩造成挑战。闫志刚（2012）发现企业经营中的低效和现金流可预测性的降低，增加了预估风险，不仅提高了权益资本成本，同时也极大地提高了供应商因提供商业信用而承担的风险。

最后，战略差异度较大的企业面临着较高的不确定性：

采用行业常规战略的企业可以遵循行业固有惯例，资源和信息收集成本较低，企业经营的不确定性较小，违规概率较低（Meyer 和 Rowan，1977；Di Maggio 和 Powell，2000；Tang 等，2011）。同时，企业通过直接模仿常规战略能够节省一部分实验费用和试错成本（Geletkanycz 和 Hambrick，1997）。当企业采用差异化战略时，无法通过模仿降低决策风险，需要企业更多地自我探索，如研发新产品，开拓新市场等，以致企业的不确定性升高、经营风险增加（翟淑萍等，2019）。Tang 等（2011）研究发现，当企业战略差异度升高时，企业净利润的波动性增强、盈利能力的持续性减弱，甚至可能出现极端业绩情况。叶康涛等（2014）发现，当企业战略差异度较高时，外部利益相关者无法相对有效地预测企业盈利水平和成长性。较高的战略定位差异还容易导致企业现金流不足，偿付风险增加（Ittner 和 Larcker, 1997），以致被迫低效增持现金（翟淑萍等，2019）。

基于以上分析可以发现，当企业战略定位差异度提高时，企业信息质量下滑，供应商面临的不确定性增加，以致提供商业信用的意愿可能会降低。据此，本章提出以下对立假设：

假设 H1b：企业战略定位差异度越大，企业获得的商业信用越少，即两者呈负相关关系。

3.3 研究设计

3.3.1 样本与数据来源

本章以沪深两市 2007—2017 年的所有上市公司为初始研究样本，并经如下数据筛选：（1）剔除金融类上市公司；（2）剔除数据缺失样本；（3）剔除 B 股企业。最终获得 18293 个公司年度观测值。为降低极端数值的影响，对连续变量在上下 1% 分位上进行缩尾处理。本章内部控制质量数据来自迪博（DIB）内部控制与风险管理数据库，其他数据来自 CSMAR 数据库。

3.3.2 变量定义

（1）商业信用。

借鉴陆正飞和杨德明（2011）、饶品贵和姜国华（2013）等已有研究，计算方式如下：

$$TC = (\text{应付账款} + \text{应付票据} + \text{预收账款}) / \text{总资产} \quad (3-1)$$

（2）企业战略差异度。

本章所指战略差异度主要指行业内每个企业的战略偏离

本行业常规战略的程度，并借鉴 Geletkanycz 和 Hambrick（1997）、Tang 等（2011）、叶康涛等（2014）、叶康涛等（2015）等对于企业战略差异度的定义方法，根据企业的资源配置结构的六个指标来综合刻画企业战略定位差异度。这六个指标分别为：研发强度（研发支出/收入）、资本密集度（固定资产/雇员人数）、企业财务杠杆（（短期借款 + 长期借款 + 应付债券）/净资产）、广告强度（广告费用/营业收入）、固定资产更新度（固定资产净值/固定资产原值）、期间费用投入（管理费用/营业收入）。鉴于我国上市公司广告费用和研发支出披露中存在的问题，借鉴（叶康涛等，2014；叶康涛等，2015），本章分别采用销售费用和无形资产净值来近似替代广告费用和研发费用。根据这 6 个指标，本章按照以下步骤计算战略差异度：①按照年度和行业对这些指标进行标准化处理，即每个指标减去其年度行业平均值并除以其年度行业标准差，并取绝对值。由此，得到每个企业在各个战略维度上偏离行业平均水平的程度。②把各企业标准化后的 6 个指标加总，然后求平均值，得到战略差异度指标 *STRATEGY*。*STRATEGY* 表示企业在同年度与同行业其他企业的资源配置结构差异度，即战略定位差异。

（3）信息质量。本章运用应计盈余管理水平衡量公司的信息质量。根据 Dechow 等（1995），参考修正的琼斯模型，首先对模型（3 - 2）分年度分行业进行回归，然后将其回归系数代入模型（3 - 3）计算出操控性应计，最后取其绝对值衡量应计盈余管理水平（*ABACC*）。模型如下：

$$\frac{AC_{i,t}}{Assets_{i,t-1}} = \alpha_0 \frac{1}{Assets_{i,t-1}} + \alpha_1 \frac{\Delta Rev_{i,t}}{Assets_{i,t-1}} + \alpha_2 \frac{PPE_{i,t}}{Assets_{i,t-1}} + \varepsilon_{i,t} \tag{3-2}$$

$$\frac{AC_{i,t}}{Assets_{i,t-1}} = \alpha_0 \frac{1}{Assets_{i,t-1}} + \alpha_1 \frac{\Delta Rev_{i,t} - \Delta Rec_{i,t}}{Assets_{i,t-1}} + \alpha_2 \frac{\Delta PPE_{i,t}}{Assets_{i,t-1}} + \varepsilon_{i,t} \quad (3-3)$$

其中，$Assets_{i,t-1}$为公司 i 在 $t-1$ 年末的总资产；$AC_{i,t}$表示 i 公司在第 t 年的总应计项目，等于营业利润减去经营活动产生的净流量；$\Delta Rev_{i,t}$表示 i 公司在 t 年的收入变化，等于本年营业收入与上年营业收入相减；$PPE_{i,t}$为固定资产原值；$\Delta Rec_{i,t}$表示 i 公司在 t 年的应收账款变化，等于本年应收账款与上年应收账款相减。*ABACC* 越大表示公司的应计盈余管理水平越高，会计信息质量越低，反之，*ABACC* 越小表示公司的应计盈余管理水平越低，会计信息质量越高。

（4）风险承担。借鉴 John 等（2008）、Faccio 等（2011）、李文贵和余明桂（2012）采用盈利波动 σ（*rec*），衡量企业风险承担。*rec* 为企业 i 第 t 年度息税前利润（*EBIT*）与当年末资产总额（*ASSETS*）的比率，并经行业调整。具体计算方法如下：

$$RISKT_i = \sqrt{\frac{1}{N-1}\sum_{n=1}^{N}\left(ADJ\_ROA_{in} - \frac{1}{N}\sum_{n=1}^{N} ADJ\_ROA_{in}\right)^2} \mid N = 3 \quad (3-4)$$

$$ADJ\_ROA_{in} = \frac{EBIT_{in}}{ASSETS_{in}} - \frac{1}{X_n}\sum_{k=1}^{x}\frac{EBIT_{kn}}{ASSETS_{kn}} \quad (3-5)$$

（5）其他控制变量。根据商业信用的影响因素，借鉴余明桂和潘红波（2010）、陆正飞和杨德明（2011）、饶品贵和姜国华（2013）、刘欢等（2015）等相关研究，本章还控制了以下变量：公司规模、现金再投资比率、公司收入波动性、资产利润率、市值账面比、营业收入增长率、销售费用率、企业性质、有息负债、市场地位，公司成立年限以及年度和行业变量。如表 3－1 所示。

表 3－1　　变量名称及定义方式

	变量名	含义	定义
被解释变量	*TC*	商业信用	(应付账款 + 应付票据 + 预收账款）/总资产
解释变量	*STRATEGY*	企业战略差异度	计算方法见正文第三部分变量的选择和度量
其他变量	*SIZE*	公司规模	对公司年末总资产取对数
	CASH_INV	现金再投资比率	经营活动产生的现金流量净额/(固定资产净额 + 持有至到期投资净额 + 长期债权投资净额 + 长期股权投资净额 + 流动资产合计 - 流动负债合计)
	ROA	资产利润率	净利润比总资产
	BM	市值账面比	总市值比总资产
	REV_GROW	营业收入增长率	(本期营业收入 - 上期营业收入)/上期营业收入
	SELL_EXP	销售费用率	销售费用比营业收入
	SOE	企业性质	国企为 1，非国企为 0
	LOAN	有息负债	有息债务比总资产
	MP	市场地位	公司 i 年度的销售额占整个行业年度销售额之和的比例
	FAGE	公司成立年限	公司成立日到当年年底最后一天天数的自然对数
	ABACC	信息透明度	计算方法见公式（3 - 2）和(3 - 3)
	IC	内部控制指数	取自迪博（DIB）内部控制与风险管理数据库
	FC	融资约束	财务费用/（净利润 + 所得税费用 + 财务费用)
	RISKT	风险承担	计算方法见公式（3 - 4）和(3 - 5)
	YEAR	年度虚拟变量	
	INDUSTRY	行业虚拟变量	

3.3.3 模型设定

为检验假设 H1，采用企业战略定位差异度 *STRATEGY* 为解释变量，考察随着企业战略定位差异度的增加，企业商业信用变化。模型设置如下：

$$TC_{i,t+1} = \alpha + \beta_1 STRATEGY_{i,t} + \gamma Control\_varibles_{i,t} + \varepsilon_{i,t} \tag{3-6}$$

其中，$TC_{i,t+1}$为企业获取商业信用的度量指标，$STRATEGY_{i,t}$为企业战略定位差异度，$Control_varibles_{i,t}$为一组控制变量。若假设 H1a 成立，则β_1的系数预期为正，表明随着企业战略定位差异度的增加，企业获取的商业信用也随之增加；反之，若假设 H1b 成立，则β_1的系数预期为负，表明随着企业战略差异度的增加，企业获取的商业信用随之降低。

对其他假设的研究，如果无特殊说明，将在模型（3－6）的基础上进行分组考察，在此不再赘述。为避免公司层面的聚集效应对标准误的影响，本章所有回归中，都在公司层面对标准误都进行了聚类（Cluster）处理。

3.4 实证结果分析及解释

3.4.1 描述性统计分析

表 3－2 报告了主要变量的描述性统计结果。如表 3－2 所示，商业信用的平均值为 0.171，方差为 0.124，并基于最小值可以看出样本企业普遍存在使用商业信用的情况。战略定位差异的平均为 0.468，方差为 0.379，表明解释变量具有一定的变异

性，且与叶康涛等（2014）、叶康涛等（2015）研究中所报告的数值相近。

表 3-2　　　　主要变量的描述性统计

变量	Mean	Sd	Min	P25	P50	P75	Max
TC	0.171	0.124	0.005	0.078	0.140	0.236	0.570
STRATEGY	0.468	0.379	0.000	0.265	0.375	0.543	9.435
SIZE	21.920	1.288	18.960	21.010	21.770	22.660	25.810
CASH_INV	-0.006	0.121	-0.551	-0.039	0.014	0.054	0.282
ROA	0.036	0.059	-0.228	0.012	0.034	0.063	0.218
BM	0.910	0.872	0.077	0.365	0.619	1.107	5.072
REV_GROW	0.493	1.611	-0.772	-0.046	0.129	0.425	12.530
SELL_EXP	0.063	0.074	0.000	0.019	0.040	0.077	0.429
SOE	0.473	0.499	0.000	0.000	0.000	1.000	1.000
LOAN	0.203	0.169	0.000	0.048	0.181	0.320	0.673
MP	0.007	0.021	0.000	0.000	0.001	0.005	0.149
FAGE	8.514	0.412	7.002	8.299	8.587	8.808	9.254

注：Mean 和 Sd 为样本均值和标准差，Q1、Median 和 Q3 分别表示 25%、50% 和 75% 分位数。

3.4.2　相关性分析

表 3-3 为主要变量的相关性分析结果，其中左下角和右上角分别为变量的 Pearson 与 Spearman 相关系数。从分析结果可以看出，商业信用（*TC*）与战略定位差异度（*STRATEGY*）的 Pearson 与 Spearman 相关系数皆为负值，且在 1% 的水平下显著。这说明在不考虑其他因素影响时，战略定位差异度较高的公司获得的商业信用较低，初步支持了假设 H1b。

表 3-3 主要变量的相关系数

变量	*TC*	*STRATEGY*	*SIZE*	*CASH_INV*	*ROA*	*BM*
TC	1.000	-0.121***	0.191***	-0.027***	-0.122***	0.238***
STRATEGY	-0.084***	1.000	0.041***	0.005	-0.096***	0.019***
SIZE	0.193***	-0.045***	1.000	0.000	-0.022***	0.597***
CASH_INV	0.018**	-0.041***	0.036***	1.000	0.102***	0.017**
ROA	-0.105***	-0.163***	0.043***	0.101***	1.000	-0.358***
BM	0.221***	0.035***	0.603***	0.048***	-0.218***	1.000

注：*、**、*** 分别表示 10%、5% 和 1% 的显著性水平（下同）。

3.4.3 实证检验与结果分析

表 3-4 报告了对假设 H1 的检验结果。根据第（1）列，即只控制年度和行业固定效应时，以及根据第（2）列，即加入全部控制变量以后，*STRATEGY* 前的系数都在 1% 的水平上显著为负，支持了假设 H1b，即随着企业战略定位差度异的增加，企业获得的商业信用将会降低。这一结论初步表明，在较高战略定位差异度的影响下，复杂的战略意图及潜在的风险行为，可能会使企业的信息不对称的程度增加，盈余质量下降，并极大地提高了供应商面临的不确定性，以及因提供商业信用而承担的信用风险。由此，战略定位差异度越高，其溢出效应对外部利益相关者的负面冲击越强，目标企业获得的商业信用规模就越低。

对其他控制变量而言，企业规模（*SIZE*）、现金再投资比率（*CASH_INV*）、市值账面比（*BM*）、营业收入增长率（*REV_GROW*）、企业性质（*SOE*）、市场地位（*MP*）显著为正，资产利润率（*ROA*）、销售费用率（*SELL_EXP*）显著为负，与已有研究结论一致（陆正飞和德明，2011；刘欢等，2015）。

表3-4 假设H1的检验结果

被解释变量	(1)	(2)
	TC	TC
STRATEGY	-0.024*** (-5.53)	-0.020*** (-4.86)
SIZE		0.011*** (4.04)
CASH_INV		0.027*** (3.68)
ROA		-0.209*** (-6.11)
BM		0.017*** (5.55)
REV_GROW		0.004*** (4.73)
SELL_EXP		-0.108*** (-4.57)
SOE		0.021*** (4.57)
LOAN		-0.035 (-1.52)
MP		0.291** (2.47)
FAGE		0.001 (0.26)

续表

被解释变量	(1)	(2)
	TC	*TC*
CONS	0.116*** (12.51)	-0.133** (-2.04)
INDUSTRY	Yes	Yes
YEAR	Yes	Yes
R^2_adj	0.144	0.227
N	18293	18293

注：括号内的数字为t值（下同）；*、**、***分别表示在10%、5%和1%水平下显著（下同）。

3.4.4 稳健性检验

（1）工具变量法。尽管本章在对假设H1的检验过程中已经将解释变量滞后一期，并且也很难预期外部供应商提供商业信用的多寡会对企业战略举措产生实质性影响，但也可能存在其他原因所造成的内生性问题。由此，为了控制潜在的内生性对研究结论的干扰，本章选取工具变量予以控制。

首先，借鉴Xu等（2014）、王化成等（2016）等相关研究，本章采用同年度同行业其他企业战略定位差异度的均值（*STRATEGY_IND*），作为所考察企业战略差异度的工具变量。其原因在于：同行业同年度其他公司与本公司所面临的宏观环境、行业特征相同，发展机遇及挑战相似。对于行业内的企业，既可能存在战略模仿，也可能存在寻求差异化战略，以期避免行业内过度的竞争，实现快速发展。所以目标企业与行业内其他企业的战略定位具有相关性。同时，一个企业获得的商业信息情况主要依赖于公司自身特征，没有证据表明同行业同年度其他公司的战略定位，会影响本公司获得的商业信用。因此，所选取工具也满足外生性的要求。

其次，本章基于不同的经济区域发展特征及市场成熟度，设置变量 *MARKET*，并按由弱到强，将我国分为西部（西部大开发），东北（东北振兴）、中部（中部崛起）以及东部（东部率先发展）四个区域（王化成等，2016），并分别赋值为 1 到 4。当企业所在地经济发展水平及市场成熟度较低时，为了应对发达地区的竞争压力，实施赶超发展，企业更易采用差异化战略路径。而随着地区经济发展水平及市场化程度的提高，市场环境较为稳定，行业竞争有序，企业可能会维持稳定的经营战略，以降低企业差异化战略模式下的经营风险和先行者成本。因此，经济区位特征满足相关系要求。但是，商业信用更依赖于经营过程中形成的稳定的供应链合作关系。不论是在发达地区还是欠发达地区，商业信用都存在广泛的应用（Petersen 和 Rajan，1997；Mc-Millan 和 Woodruff，1999；石晓军等，2009）。所以，又满足外生性要求。检验结果见表 3 – 5。

从表 3 – 5 可以看到，首先，根据识别不足检验，Anderson Canon 统计量为 136. 364，P 值为 0，拒绝原假设认为存在识别不足的问题。其次，根据弱工具变量检验，Cragg – Donald 统计量为 156. 932，大于 10% 偏误下的临界值 19. 93，即拒绝弱工具变量的假设。再次，根据过度识别检验，P 值为 0. 290，接受原假设，即所有工具变量都是外生的。进一步，根据 Durbin – Wu – Hausman 检验，卡方统计量为 21. 570，P 值为 0. 97，表明潜在的内生性问题得到了控制，即行业内其他企业的平均战略差异度和经济区位是目标企业战略差异度的有效工具变量。

在控制了潜在的内生性后，根据表 3 – 5 的第（1）列的第一阶段回归，同年度同行业其他企业的战略差异度（*STRATEGY_*

IND）及经济区位特征（*MARKET*）都与所考察公司战略差异度呈负相关关系。首先说明在战略定位方面，行业内企业之间存在求异特征，其次说明当经济发展水平及市场化程度较高时，企业更易实施稳定的发展战略。根据第二阶段回归，企业战略定位差异度的预测值（*STRATEGY_PRE*）与商业信用则显著负相关。工具变量法的研究结论进一步排除了潜在的内生性问题，支持了假设H1b。

表3-5　　工具变量法

被解释变量	(1)	(2)
	第一阶段回归	第二阶段回归
	STRATEGY	*TC*
STRATEGY_PRE		-0.103*** (-3.89)
STRATEGY_IND	0.723*** (12.45)	
MARKET	-0.008* (-1.89)	
SIZE	-0.025*** (-3.67)	0.008*** (2.87)
CASH_INV	-0.116*** (-3.24)	0.017* (1.94)
ROA	-1.025*** (-8.13)	-0.293*** (-6.90)
BM	0.015** (2.00)	0.018*** (5.99)
REV_GROW	0.023*** (4.17)	0.006*** (5.47)

续表

被解释变量	(1)	(2)
	第一阶段回归	第二阶段回归
	STRATEGY	*TC*
SELL_EXP	1.036*** (10.12)	-0.018 (-0.48)
SOE	-0.017 (-1.56)	0.020*** (4.25)
LOAN	0.085*** (3.30)	-0.027 (-1.27)
MP	0.429 (1.54)	0.361*** (2.93)
FAGE	0.064*** (5.40)	0.007 (1.29)
CONS	0.085 (0.56)	-0.088 (-1.31)
INDUSTRY	Yes	Yes
Year	Yes	Yes
N	18293	18293
R^2_adj	0.172	0.173
不可识别检验		
Anderson canon 统计量	136.364	
P - Value	0.00	
弱工具变量检验		
Cragg - Donald 统计量	156.932	
Stock - Yogo bias critical value	19.93(10%)	

续表

被解释变量	(1)	(2)
	第一阶段回归	第二阶段回归
	STRATEGY	*TC*
过度识别检验		
P – Value		0.290
Durbin – Wu – Hausman Chi^2 *test*	21.570	
P – Value	0.97	

（2）调整商业信用的衡量方法。为了进一步增强研究结果的可靠性，本章重新衡量企业获得的商业信用数量的度量方法。设置变量：*TC*1，衡量方法为：（应付账款 + 应付票据）/总资产；*TC*2，衡量方法为：应付账款/总资产。为了使本章结果更为稳健，本章还采用经营活动产生的现金流量净额对商业信用进行标准化处理（*TC*3）。回归结果见表 3 – 6。

根据表 3 – 6 第（1）（2）和（3）列，即分别以 *TC*1、*TC*2 以及 *TC*3 作为被解释变量时，战略定位差异度变量（*STRATEGY*）前的系数都显著为负，表明变换企业商业信用衡量方法后，依然支持假设 H1b。

表 3 – 6　　　　调整商业信用的衡量方法

被解释变量	(1)	(2)	(3)
	*TC*1	*TC*2	*TC*3
STRATEGY	–0.020*** (–4.52)	–0.012*** (–3.65)	–0.961** (–2.15)
SIZE	0.005** (2.04)	0.003 (1.55)	0.193 (1.19)
CASH_INV	0.010 (0.80)	0.002 (0.14)	0.583 (0.62)

续表

被解释变量	(1)	(2)	(3)
	*TC*1	*TC*2	*TC*3
ROA	-0.219*** (-5.33)	-0.146*** (-4.14)	-1.191 (-0.48)
BM	0.014*** (4.24)	0.003 (1.34)	0.785*** (3.00)
REV_GROW	0.001* (1.79)	0.001*** (2.94)	-0.043 (-0.51)
SELL_EXP	-0.136*** (-7.22)	-0.062*** (-4.44)	-0.359 (-0.23)
SOE	0.014*** (3.15)	0.016*** (4.48)	0.508 (1.63)
LOAN	-0.015 (-0.85)	-0.007 (-0.47)	0.229 (0.37)
MP	0.167* (1.88)	0.177*** (2.92)	2.822 (0.29)
FAGE	-0.005 (-1.21)	-0.001 (-0.22)	-0.503 (-1.41)
CONS	0.015 (0.27)	-0.001 (-0.02)	0.930 (0.22)
INDUSTRY	Yes	Yes	Yes
YEAR	Yes	Yes	Yes
R^2_adj	0.155	0.117	0.007
N	18293	18293	18293

(3) 固定效应模型。为了消除公司层面不可观察因素带来

的影响，本章采用公司固定效应模型对模型（3－6）进行回归，结果见表3－7。根据表3－7的研究结论，依然支持假设H1b，再次证明了本章结论的稳健性。

表3－7　　固定效应模型

被解释变量	(1)	(2)
	TC	*TC*
STRATEGY	-0.006** (-2.07)	-0.006* (-1.66)
SIZE		0.003 (1.00)
CASH_INV		0.026*** (5.33)
ROA		-0.080*** (-4.53)
BM		0.008*** (4.45)
REV_GROW		0.001*** (2.76)
SELL_EXP		-0.026 (-0.75)
SOE		0.006 (0.84)
LOAN		-0.009 (-1.45)
MP		0.143 (1.59)

续表

被解释变量	(1)	(2)
	TC	*TC*
FAGE		0.009 (0.87)
CONS	0.167*** (69.11)	0.034 (0.36)
FIRM	Yes	Yes
YEAR	Yes	Yes
R^2_*adj*	0.003	0.019
N	18293	18293

3.5　影响机理分析

根据对假设 H1 的检验结果，发现随着企业战略定位差异度的提高，企业获得的商业信用显著降低。在此基础上，本章将在不同情境下，进一步探索企业战略定位差异对企业获取商业信用影响的内在机制。

3.5.1　信息透明度视角

由于企业战略差异度越高，外部利益相关者越难以把握企业战略意图和经营模式，信息不对称程度增加（Carpenter，2000），以致企业更易进行应计盈余管理（叶康涛等，2015）。而高质量的会计信息对商业信用获取发挥着重要的作用（Hui 等，2012）。陈运森和王玉涛（2010）发现较高的会计信息质量，能够促进交易双方形成信任关系，降低供应商与目标企业间的代理成本，有利于双方采用更低交易成本的商业信用模式。而随着信息透明度的降低，供应商识别企业真实经营状况的难度增加，也会与银行等其他债权人一样，根据企业经营及财务状况的变化，及时调整商业信用政策（陈运森和王玉涛，2010）。郑军等（2013）发现良好的内部控制机制能够提高公司会计信息质量的可靠性，使企业更易获得商业信用，尤其是在货币紧缩期，内控质量高的企业避免了商业信用更大幅度的下降。

基于以上分析，本章推测在企业信息质量较低、信息透明度较差的情况下，将进一步加剧较高战略定位差异度所导致的战略意图的识别难度，从而造成企业难以低成本的获取商业信用。相反，如果企业自身信息质量较好、信息透明度较高，纵然战略差异可能会导致信息不对称问题，但是这种负面影响将会被企业自身所具备的良好信息质量、较高的信息透明度所抵消。

根据 Dechow 等（1995）、杨丹等（2013）、权小锋等（2016）的研究，本章分别采用操纵性盈余管理水平和内部控制指数，衡量公司信息质量，并按盈余管理水平和内部控制指数的年度行业中位数，将样本分为两组予以考察。回归结果见表 3－8。

表 3－8　　信息透明度视角的检验结果

被解释变量	Panel A		Panel B	
	(1)	(2)	(1)	(2)
	TC	*TC*	*TC*	*TC*
	信息质量		内控质量	
	低	高	低	高
STRATEGY	−0.017*** (−2.91)	−0.006 (−1.18)	−0.010** (−2.13)	−0.009 (−1.62)

续表

被解释变量	Panel A		Panel B	
	(1)	(2)	(1)	(2)
	TC	*TC*	*TC*	*TC*
	信息质量		内控质量	
	低	高	低	高
SIZE	0.015 *** (5.27)	0.013 *** (5.69)	0.008 *** (3.36)	0.015 *** (6.01)
CASH_INV	0.040 *** (3.81)	0.029 *** (4.28)	0.021 *** (2.67)	0.038 *** (6.64)
ROA	-0.307 *** (-10.29)	-0.186 *** (-6.15)	-0.133 *** (-6.34)	-0.288 *** (-8.80)
BM	0.025 *** (8.24)	0.013 *** (6.40)	0.017 *** (7.31)	0.011 *** (5.33)
REV_GROW	0.003 *** (2.86)	0.002 ** (2.22)	0.003 *** (3.57)	0.001 * (1.71)
SELL_EXP	-0.142 *** (-5.45)	-0.124 *** (-4.95)	-0.078 *** (-3.31)	-0.105 *** (-3.00)
SOE	0.019 *** (3.78)	0.017 *** (3.63)	0.016 *** (3.35)	0.020 *** (3.78)
LOAN	-0.200 *** (-11.90)	-0.115 *** (-9.01)	-0.079 *** (-5.65)	-0.133 *** (-10.88)
MP	0.108 (0.83)	0.337 *** (3.95)	0.259 (1.64)	0.234 *** (3.07)
FAGE	0.009 * (1.94)	0.006 (1.17)	0.010 * (1.90)	0.000 (-0.06)
CONS	-0.246 *** (-3.60)	-0.193 *** (-3.17)	-0.120 * (-1.93)	-0.158 ** (-2.55)
INDUSTRY	Yes	Yes	Yes	Yes
YEAR	Yes	Yes	Yes	Yes
R^2_adj	0.256	0.271	0.201	0.317
N	9001	9292	9679	8614

根据表3－8中的Panel A第（1）列，即在较低的信息质量，以及Panel B第（1）列，即在较低的内部控制质量影响下，STRATEGY前的系数都显著为负；反之，并无显著影响。研究结论支持了本章的推测，即由于企业战略定位差异进一步恶化了企业的信息环境，加剧了外部供应商解读企业战略意图的难度，企业与外部利益相关者的信息不对称程度提高（Carpenter，2000；叶康涛等，2015），以致信用风险增加，供应商更加趋于谨慎，显著的降低了向目标企业提供的商业信用。

3.5.2 融资约束视角

不同的战略定位使企业对资金的需求存在差异，战略差异越大的融资需求也越多，以支持其研发新产品、开拓新市场（Miles等，1978；孙健等，2016）。Ittner和Larcker（1997）发现战略定位越激进的企业，也越易由于资金链条断裂而产生偿付风险。孙健等（2016）基于我国市场发现，战略激进型企业面临较高的融资约束时更易产生财务操纵行为，由此进一步加剧了企业从外部资本市场获得融资的难度。而商业信用作为一种非正规融资方式，具有一定的融资替代功能（Biais和Gollier，1997；Fisman和Love，2003；Burkart和Ellingsen，2004）。张杰等（2013）、饶品贵和姜国华等（2013）、孙浦阳等（2014）也都基于我国市场发现，在信贷歧视环境下，商业信用对于受融资约束程度比较高的企业具有积极的融资替代作用。据此，本章推测在融资约束水平较高时，战略定位差异度对企业商业信用的负向影响减弱。

借鉴Aggarwal和Zong（2003）、刘欢等（2015）等相关研究，用以下公式衡量融资约束（FC）：FC＝财务费用/(净利润＋所得税费用＋财务费用)。FC越大，表明企业融资约束程度越高。根据 *FC* 的年度行业中位数将样本分为两组，回归结果见表 3 -9 中的 Panel A。

表 3 -9　　　融资约束与风险承担视角的检验结果

被解释变量	Panel A		Panel B	
	(1)	(2)	(1)	(2)
	TC	*TC*	*TC*	*TC*
	融资约束		风险承担	
	低	高	低	高
STRATEGY	-0.030*** (-4.94)	-0.016*** (-3.01)	-0.019*** (-2.75)	-0.008* (-1.75)
SIZE	0.020*** (5.83)	0.012*** (2.64)	0.014*** (5.04)	0.012*** (4.22)
CASH_INV	0.048*** (4.90)	0.010 (0.42)	0.047*** (4.11)	0.019** (2.03)
ROA	-0.308*** (-4.32)	-0.182*** (-2.91)	-0.326*** (-9.09)	-0.033*** (-3.51)
BM	0.019*** (4.68)	0.026*** (4.02)	0.033*** (9.23)	0.028*** (9.20)
REV_GROW	0.004*** (4.58)	0.003** (2.48)	0.005*** (4.13)	0.000*** (6.69)
SELL_EXP	-0.101*** (-3.68)	-0.087*** (-2.96)	-0.147*** (-5.25)	-0.136*** (-5.55)
SOE	0.015*** (2.89)	0.023*** (3.23)	0.021*** (4.14)	0.020*** (3.88)
LOAN	-0.142** (-2.36)	-0.005 (-0.21)	-0.222*** (-13.02)	-0.157*** (-9.25)

续表

被解释变量	Panel A		Panel B	
	(1)	(2)	(1)	(2)
	TC	*TC*	*TC*	*TC*
	融资约束		风险承担	
	低	高	低	高
MP	0.157 (1.47)	1.220*** (4.86)	0.228* (1.80)	0.190 (1.48)
FAGE	0.000 (-0.05)	0.006 (1.02)	0.000 (-0.04)	0.011** (2.34)
CONS	-0.274*** (-3.49)	-0.199** (-2.07)	-0.149** (-2.02)	-0.205*** (-3.01)
INDUSTRY	Yes	Yes	Yes	Yes
YEAR	Yes	Yes	Yes	Yes
R^2_adj	0.312	0.174	0.281	0.246
N	9350	8933	8329	9964
chi^2	4.79		2.81	
$Prob > chi^2$	0.02		0.09	

根据表3-9，*STRATEGY*前的系数都显著为负，但是根据组间系数的卡方检验，两组存在显著差异，且当企业融资约束水平较高时，企业战略定位差异度对商业信用的负向影响相对较弱，支持了本章推测。研究结论表明在融资约束水平较低时，随着战略差异度的上升，企业风险和不确定性增加，供应商提供商业信用的谨慎性提高，此时客户企业也缺乏为利用商业信用而承担较高隐性和显性成本的动机，由此导致商业信用水平显著降低。反之，在融资约束水平较高时，尽管战略差异度提高，会导致风险和不确定增加，但是由于企业对资金需求较多，并基于商业信用

所具有一定程度的融资性作用，客户企业利用商业信用的动机也会增强。此时供应商在客户企业影响下，会相对较少的收缩为客户企业提供的商业信用，从而导致企业战略差异度对商业信用的负向影响减弱。同时，本结论也从企业战略定位角度支持了商业信用的融资属性。

3.5.3　风险承担视角

企业风险承担是经济增长的动力和企业快速发展的源泉（Baumol 和 Litan，2007；John 等，2008；李文贵和余明桂，2012）。风险承担有助于企业把握投资机会、增强创新积极性、提高企业绩效、加速资本积累以及促进企业价值和股东财富的增加（John 等，2008；Hilary 和 Hui，2009；李文贵和余明桂，2012；张敏等，2015）。因此，风险承担较高的企业，尽管伴有一定的风险因素，但是在未来可能会具有更高的成长性，也更有机会占据市场主导地位。由此，基于商业信用的市场竞争理论，本章推测在风险承担水平较高的情况下，如果供应商基于维护长期稳定的合作关系，那么就有可能通过提供商业信用的方式，以降低未来新加入目标企业供应链合作关系网的成本。

风险承担（*RISKT*）的衡量方法见公式（3－4）和（3－5），根据 *RISKT* 的年度行业中位数将样本分为两种。根据表 3－9 中的 Panel B，可以发现两组中 *STRATEGY* 前的系数都显著为负，但是根据组间系数的卡方检验，两组存在显著差异，且当企业风险承担水平较高时，企业战略定位差异度对商业信用的负向影响相对较弱，支持了本章推测。究结论表明，如果企业风险承担水平相对较低，未来发展潜力不高，资本积累速度较慢，那么面对较高战略差异度带来的风险时，供应商会采取谨慎性交易策略，显著降低商业信用规模。反之，如果目标企业具有较高的风险承担水平，即便未来存在一定的风险性和不确定性，但是由于企业未来的发展潜力也是巨大的，并基于商业信用的市场竞争假说理论，供应商为了取得竞争优势，维持长期的合作关系，会相对较少的收缩为目标企业提供的商业信用，以致抵消了较高战略差异度对商业信用规模的不利影响。

3.6 进一步研究

3.6.1 目标企业提供的商业信用

基于假设 H1 的检验，战略差异度较高的企业，获取的商业信用规模会显著降低，那么对目标企业而言，随着战略差异度的提升，其在提供商业信用方面又呈现什么特征呢？如果随着战略差异度增加，企业提供的商业信用也呈现显著下降趋势，那么说明战略差异度可能更易导致企业融资困境。反之，如果商业信用呈现上升趋势，战略差异度较大的企业可能更期望采用提供商业信用的方式，获得更高的产品认可度和市场占有率。

为了检验本章的推测，将企业提供的商业信用（*TCP*）作为被解释变量，将企业战略差异度作为解释变量，予以实证检验。*TCP* 衡量方法为：(应收账款 + 应收票据 + 预付账款) /总资产。回归结果见表 3 - 10。

表 3 - 10　　　　　提供的商业信用

被解释变量	(1)	(2)
	TCP	*TCP*
STRATEGY	-0.033 ***	-0.028 ***
	(-8.25)	(-7.41)

续表

被解释变量	(1)	(2)
	TCP	*TCP*
SIZE		-0.005 ** (-2.45)
CASH_INV		-0.024 *** (-3.49)
ROA		0.026 (1.01)
BM		-0.003 (-1.09)
REV_GROW		0.003 *** (3.88)
SELL_EXP		-0.086 *** (-3.14)
SOE		-0.003 (-0.68)
LOAN		-0.020 ** (-2.36)
MP		0.053 (0.48)
FAGE		-0.027 *** (-5.57)
CONS	0.081 *** (11.45)	0.422 *** (7.19)
INDUSTRY	Yes	Yes
YEAR	Yes	Yes
R^2_adj	0.156	0.176
N	18991	18991

根据表3－10，发现 *STRATEGY* 前的系数都显著为负，即随着企业战略差异度的提高，企业提供的商业信用也显著下降。表明对于战略差异度较高的企业而言，由于其面临较高的融资需求和融资约束（孙健等，2016），使其提供商业信用的能力下降，并进一步支持了战略差异度较高企业获取商业信用的融资性作用更为明显。

3.6.2 标企业获取的商业信用净额

根据前文分析，在企业战略差异度较高的情况下，企业获得的商业信用和提供的商业信用都显著减低，并且对目标企业而言，商业信用的融资性作用更为明显。为了进一步印证研究结论的稳健性，本章将综合考察随着企业战略差异度的变化，企业获取的商业信用净额（*TCN*）的变化情况。*TCN* 的衡量方法为：企业获得的商业信用（*TC*）减去企业提供的商业信用（*TCP*）。*TCN* 越大表明企业获得的商业信用净额越高。回归结果见表3－11。

表3－11　　商业信用净额

被解释变量	(1)	(2)
	TCN	*TCN*
STRATEGY	0.010** (2.18)	0.009** (2.17)
SIZE		0.017*** (6.75)
CASH_INV		0.048*** (5.99)
ROA		−0.242*** (−7.47)

续表

被解释变量	(1)	(2)
	TCN	TCN
BM		0.020*** (6.49)
REV_GROW		0.002** (2.01)
SELL_EXP		-0.034 (-1.11)
SOE		0.023*** (4.76)
LOAN		-0.017 (-1.03)
MP		0.202* (1.66)
FAGE		0.028*** (5.21)
CONS	0.036*** (3.31)	-0.557*** (-8.48)
INDUSTRY	Yes	Yes
YEAR	Yes	Yes
R^2_adj	0.137	0.242
N	18048	18048

根据表 3-11，发现 *STRATEGY* 前的系数都显著为正，即随着企业战略差异度的提升，企业获得的商业信用净额将会增加，进一步支持了本章的研究结论。同时，这也表明当企业战略定位差异度较高时，尽管企业获取的商业信用会显著降低，但是总体看商业信用依然主要发挥了融资性作用。

3.7 总　　结

本章以我国 A 股上市企业为研究样本，考察了我国企业战略定位差异对商业信用的影响及其作用机理，研究发现：企业战略定位差异度越高，企业获得的商业信用水平越低，即企业战略定位差异度导致了负溢出效应。采用工具变量法、调整商业信用衡量方法及采用固定效应模型等方法检验后，结论依然稳健。通过影响机制检验发现，当企业的信息不对称的程度上升，盈余质量下降时，随着企业战略定位差异度的增加，不仅使外部供应商难以准确理解客户企业的战略意图和经营模式，而且也很难识别客户企业潜在的违约风险，供应商提供商业信用的意愿降低。但是，对于融资约束水平较高的企业而言，企业战略定位差异度较高的企业依然较为依赖商业信用的融资支持。另外，供应商会基于客户企业不同风险承担水平下所体现的成长潜力，有选择性的去承担企业战略定位差异所造成的不确定性和风险，从而给予相应的商业信用水平。最后进一步研究发现，随着企业战略定位差异度的增大，企业提供的商业信用也显著降低，但是企业获取的商业信用净额却显著增加。

本章结论深化了企业战略定位外溢效应对商业信用的影响及其作用机制的认识，同时，也从企业战略层面拓展了企业商业信用影响因素的研究。本章的研究结论还有助于：第一，新进入供应商应合理识别企业战略定位及其特征，并将企业战略信息作为提供商业信用决策的一个重要的考量因素。第二，目标企业可以通过改善信息质量、提高信息透明度，尤其增加对战略信息的披露，降低企业战略定位溢出效应的负面冲击，以维持更加稳定的供应链合作关系。

企业战略定位与审计定价

4.1 引　　言

战略定位对企业的影响具有长期性和全局性。契合外部环境特征和企业自身特点的战略定位，有利于培养企业核心竞争力和持久的发展活力，并促使企业获得竞争优势和行业领先地位（李庆华，2004）。从现有文献体系来看，有关企业战略选择与公司财务行为的研究相对较少，且主要集中于企业创新投入（Tang 等，2011）、业绩表现（陈收等，2014）、价值相关性（叶康涛等，2014）、盈余管理（孙健等，2016；叶康涛等，2015）、过度投资（王化成等，2016）等方面。尽管以上研究较为系统地考察了企业战略对企业自身的一些财务行为特征方面的影响及其作用机理，但并未考虑企业战略实施过程中的溢出效应。

《中国注册会计师审计准则第1211号——了解被审计单位及其环境并评估重大错报风险》（简称《1211号审计准则》）中第十九条指出："注册会计师应当从被审计单位的目标、战略以及相关经营风险等方面了解被审计单位及其环境"，并且《1211号审计准则》认为注册会计师应该重点关注可能导致财务报表重大错报的相关经营风险，而经营风险又主要源于企业不恰当的经营目标和战略选择。由此可见，企业战略选择是影响注册会计师判断企业审计风险，确定审计程序和实质性测试范围的重要参考因素，而注册会计师对企业审计风险评估和工作量投入又进一步体现为注册会计师的经济利益，即基于审计定价而确定的审计收费。

相较于已有文献，本章从事务所的审计定价视角，考察企业战略定位的溢出效应，边际贡献主要体现在：①进一步拓展了企业战略相关文献的分析框架，丰富了战略定位外部经济后果的理论研究。已有文献主要侧重考察战略定位的内在经济后果，如对融资需求（Barton和Gordon，1988）、竞争条件下的战略平衡（Deephouse，1999）、企业投资（Hill和Snell，2010；王化成等，2016）、经营业绩（Tang等，2011）、会计信息的价值相关性（叶康涛等，2014）以及盈余管理（孙健等，2016；叶康涛等，2015）等企业自身行为及发展的影响。而本章则从外部事务所的审计定价视角，考察了企业战略选择带来的溢出效应。②从企业战略视角丰富了审计收费的相关研究。虽然《1211号审计准则》强调了注册会计师在审计过程中应该重点考虑企业战略定位等对审计风险的可能影响，但目前鲜有文献考察相关问题，由此本章从企业整体战略层面考察事务所的审计定价问题，丰富和拓展了相关理论研究，并对在实务中事务所的审计定价具有实践指导意义。③本章研究不支持Kinney和Libby（2002）、Hoitash

等（2007）等相关研究，即认为较高的审计收费损害了审计质量，同时也不同于 Ashbaugh 等（2003）、Eshleman 和 Guo（2014）等的相关研究，即认为较高的审计收费显著改善了审计质量，本章研究认为在企业战略激进度较高的情况下，提高审计收费有助于维持已有水平的审计质量，但是较低的审计收费却显著的损害了审计质量。

本章研究发现：随着企业战略激进度的提高，事务所对目标企业的审计收费显著增加，且通过工具变量法等控制内生性后，本章结论依然稳健。在信息透明度较低、外部监督制约因素较弱以及企业内部控制质量较差的情况下，战略激进度对事务所审计收费的正向影响更为显著。最后，进一步研究发现，相对于国有企业，非国有企业较高的战略激进度对事务所审计收费的影响更为明显；事务所收取较高的审计收费可以抑制由于战略激进度下导致的审计质量下降，维持财务报告的既定审计质量水平。

4.2　理论分析与研究假设

4.2.1　企业战略定位对审计定价的影响

审计收费指的是被审计单位给予会计师事务所（简称事务所）的回报，审计收费反映了审计师在进行审计工作之前对于预期投入的估计，同时体现为会计师事务所要求的风险补偿（伍利娜，2003）。根据已有研究，审计投入、审计风险及议价能力等都会对审计费用产生影响（Simunic，1980；Casterella 等，2004）。Simunic（1980）研究认为审计收费与企业特征、事务所声誉及面临的风险等因素有关，此后学者逐渐拓展了审计收费的相关研究，并形成了较为丰富的研究成果。对审计收费的研究不仅有助于了解审计收费的影响因素和定价机理，还有助于探索审计师独立性和审计质量等相关问题（伍利娜等，2012）。高质量的审计有助于提高会计信息的可靠性，降低信息不对称所导致的风险（王春飞等，2013；Francis，1984），并能改善公司治理（Fan 和 Wong，2002），维护企业利益相关者的合法权益，尤其是维护中小股东的正当利益（王春飞等，2010），而审计质量又主要依赖于审计师所受获得的经济激励机制和法律制约。审计收费作为会计师事务所与被审计单位之间的经济纽带，会对审计独立性和审计质量产生影响，因此，审计收费一直是理论界、实务界和监管层重点关注的对象。

基于《1211 号审计准则》，企业战略又可能是注册会计师判断企业审计风险，确定审计程序和实质性测试范围的重要参考因素。适宜的战略定位，有利于企业培育核心竞争力，带来较佳的业绩表现（Buzzell 和 Gale，1987），并且当企业的战略呈现出独特性时，利益相关者也将给予积极的反应（Cuellar 和 Gertler，2006）。而不同的企业战略定位，使企业具有了“异质性”特征，采用防御型战略的企业虽然面对较小的风险，但这样的企业在市场中会面临更激烈的竞争（Geletkanycz 和 Hambrick，1997；Deephouse，1999），造成利润处于行业平均水平，甚至更低，且无法引起更多投资者的关注，从而影响企业再融资和发展。虽然较高的战略激进度可能为企业提供超常规发展的机会，并有可能促使企业获得行业领先地位，但也有可能给企业带来一定的风险。

从财务行为视角看，战略行为激进的企业更易发生财务不端行为（Bentley 等，2013），使财务报告的重大错报风险增加。财务报告质量越低，审计风险越高（蔡春和谢柳芳，2015）。张天舒和黄俊（2013）发现较高的会计舞弊动机，会增加事务所的诉讼风险，从而要求更高的审计费用对其面临的风险进行补偿。在风险导向审计准则的要求下，审计师需要更多的职业谨慎和怀疑，势必会增加审计程序，扩大实质性审计范围，最终造成审计成本增加（齐鲁光和韩传模，2016）。叶康涛等（2015）、孙健等（2016）基于我国市场都发现企业战略与盈余管理存在相关关系。公司的盈余管理行为又是事务所进行审计定价的重要参考依据，较高的盈余管理程度，将会提高审计工作量和审计风险，由此事务所通常会提高审计收费，以增强审计风险的可控性，保证审计质量（蔡春和谢柳芳，2015）。

从企业经营视角看，企业战略激进度较高时，企业违约及违规风险较高，更易产生交易摩擦和诉讼风险（Bentley 等，2013）。在风险导向审计模式下，审计师会基于公司的法律诉讼风险和违规行为，评估审计风险，当上市企业存在违规行为或面临较高的法律诉讼风险时，企业支付的审计费用也较高（冯延超和梁莱歆，2010）。另外，战略差异度大的企业需要研发新产品，开拓新市场，无法通过模仿降低决策风险，由此即可能使企业获得超额利润，但也可能招致失败而承担巨大的损失（Tang 等，2011），以致企业净利润的波动性增强，由此可能会产生较高的不确定性，企业风险和盈利的可控性及可预测性减弱（叶康涛等，2014），偿付风险增加（Ittner 和 Larcker，1997）。而企业面临的经营环境不确定性越高，审计失败风险越大，从而造成审计师审计成本提高，甚至面临审计失败而被诉讼，以致事务所会收取包括一个较高风险溢价的审计费用（Simunic，1980；李爽和吴溪，2004）。张天舒和黄俊（2013）认为由于审计收费中存在风险溢价因素，所以当企业经营风险较高时，审计收费也相应增加。

另外，审计不仅具有信息价值，也具有保险价值（Dye，1993；冯延超和梁莱歆，2010）。审计师在提高会计信息质量和可靠性的同时，财务信息使用者还希望审计师作为保险人，能够承担相应的财务信息风险，而当上市企业风险较高以致预期保险责任增加时，作为保险责任的审计师必然要求相应的风险补偿（冯延超和梁莱歆，2010，张俊瑞等，2015）。较高的战略激进度，会使企业面临较高的不确定性和违约违规风险，并导致股价崩盘风险增加（孙健等，2016），由此使审计师面临一定的法律诉讼风险，审计师的保险赔偿责任增加。即便我国审计师面临的法律风险较低，事务所依然存在维护其自身声誉和降低诉讼概率的动机（王兵和辛清泉，2010），从而审计师会要求一个合理的风险溢价，并收费较高的审计费用。根据以上分析，本章提出以下假设：

H1：企业战略越激进，审计收费越高，即企业战略激进度与审计收费正相关。

4.2.2 企业战略定位的溢出效应对审计定价的影响机制

若假设 H1 得到证明，即企业战略越激进的确影响了审计定价，提高了审计收费，那么本章将对其影响机制进行进一步的深入探讨。

（1）信息透明度视角。良好的信息透明度降低了信息获取成本以及审计师发表不当审计意见的概率，反之，信息不对称程度越高，审计师面临的不确定性越大，审计风险越高（秦荣生，2005），审计收费也越高（宋衍蘅和殷德全，2005；Danielsen 等，2007）。陈玥和江轩宇（2017）研究认为企业信息环境效应和代理冲突对于审计收费具有重要影响，信息环境的改善有助于降低审计风险。也有学者从其他视角发现信息透明度的改善对审计收费的影响，如施先旺等（2015）发现分析师作为资本市场重要的信息中介，能够缓解资本市场信息不对称程度，尤其是当分析师提供更为准确的预测报告时，审计收费会显著降低。余玉苗和王宇生（2011）发现良好的外部约束机制有助于提升企业信息质量，并能够有效约束大股东的机会主义行为，从而降低审计收费。

而较高的战略激进度可能进一步降低企业行为可识别性和可理解性，提高信息不对称程度。孙健等（2016）基于我国市场发现企业战略激进度与盈余管理呈正相关关系。Geletkanycz 和 Hambrick（1997）发现企业战略差异度高，意味着企业需要更多的自我探索，造成战略的可识别度降低。由此可见，对于战略激进度较高的企业，通常会偏离行业常规战略，经营的不确定性较大，并且在较高的投资需求影响下（王化成等，2016），还具有较高的融资需求（Hambrick，1983），更易产生财务失真行为（Bentley 等，2013），由此造成审计师面临的风险较高，需要实施更多的审计程序，以控制其所面临的风险，降低发表不恰当审计意见的可能性。据此，本章提出以下假设：

H2：相对于信息透明度较高的公司而言，在信息透明度越低的公司，企业战略激进度对审计收费的正向影响更显著。

（2）内部控制质量差异视角。良好的内部控制有助于规范企业经营行为，降低投资损失概率，提高会计信息的可靠性（盖地和盛常艳，2013）和降低非效率投资（李香梅等，2015）。内部控制质量越差，财务违规风险越高，发生重大错报的可能越大，公司财务报告的质量越低，事务所收取的审计费用会越高（Hogan 和 Wilkins，2008；Hoitash 等，2008；张宜霞，2011；盖地和盛常艳，2013；何威风和刘巍，2015）。戴捷敏和方红星

(2010) 发现随着控制风险的变大，审计收费显著增加，并证实了审计收费中包含了部分风险溢价。

当企业实施较为激进的战略时，极有可能造成企业不具有传统的常规业务流程，将会导致更复杂的内部控制，提升了审计成本，推高了审计风险，从而造成审计收费增加（张宜霞，2011），而高质量的内部控制能够在一定程度上抵消较为激进的战略所带来的经营风险。据此，本章提出以下假设：

H3：相对于内部控制质量较高的公司而言，内部控制质量较差的公司，企业战略激进度对审计收费的正向影响越显著。

4.3 研究设计

4.3.1 样本选择

本章以沪深两市 A 股上市公司为初始研究样本，并经如下数据筛选：（1）剔除金融类上市公司；（2）剔除数据缺失样本。最终获得 13031 个公司年度观测值。为降低极端数值的影响，对连续变量在上下 1% 分位上进行缩尾处理。本章内部控制质量数据来自迪博（DIB）内部控制与风险管理数据库，其他数据来自 CSMAR 数据库。

4.3.2 变量的选择和度量

（1）审计收费（*AUDFEE*）。根据邢立全和陈汉文（2013）、何威风和刘巍（2015）等文献，对上市企业支付的审计费用取对数。

（2）企业战略激进度（*STRATEGY*）。借鉴 Bentley 等（2013）、孙健等（2016）、王化成等（2016）等对于企业战略激进度的衡量方法，根据企业的资源配置结构的 6 个维度综合刻画企业战略激进度，这 6 个指标分别为：研发支出（研发支出/销售收入）、雇员人数（雇员人数/销售收入）、销售收入历史增长率、期间费用投入（管理费用 + 销售费用）/销售收入）、组织稳定性（雇员人数波动）、资本密度（固定资产/总资产）。并对以上 6 个变量取过去 5 年的均值。对于前 5 个变量在相应的年度/行业样本中从小到大平均分为 5 组，从小到大，分别赋值为 0 到 4，对第 6 个变量进行相反方向赋值，最后将 6 个变量的分组得分相加并取对数。*STRATEGY* 越大，表示企业战略激进度越高，反之，表示企业战略较为保守。

（3）其他控制变量。根据审计收费的影响因素，借鉴张天舒和黄俊（2013）、邢立全和陈汉文（2013）、何威风和刘巍（2015）等文献的相关研究，本章还控制了以下变量：主营行业占比（*DIVERSIFY*）；资产负债率（*LEV*），即负责总额/总资产；企业规模（*SIZE*），即对公司年末总资产取对数；盈利水平（*ROE*），即净利润比股东权益平均余额；上市年限（*YEARLIST*），即上市年限取对数；现金流（*CRAH_R*），即经营活动净现金流比营业收入；存货加应收账款然后比总资产（*IR_SIZE*）；事务所更换（*AUD_CHANGE*），即更换为 1，否则为 0；审计意见类型（*OPIN*），即标准意见为 1，非标意见为 0；以及年度和行业哑变量。

4.3.3　模型设定

为检验假设 H1，采用企业战略激进度 *STRATEGY* 为解释变量，考察随着企业战略激进度的增加，企业支付审计费用变化。模型设置如下：

$$AUDFEE_{i,t+1} = \alpha + \beta_1 STRATEGY_{i,t} + \gamma Control\_varibles_{i,t} + \varepsilon_{i,t} \tag{4-1}$$

其中，$AUDFEE_{i,t+1}$ 为企业支付审计费用的度量指标，$STRATEGY_{i,t}$ 为企业战略激进度，$Control\_varibles_{i,t}$ 为一组控制变量。若假设 H1 成立，则 β_1 的系数预期为正，表明随着企业战略激进度的增加，企业支付的审计费用增加。

对其他假设的研究，如果无特殊说明，将在模型（4－1）的基础上进行分组考察，在此不再赘述。在本章的所有回归中，为避免公司层面的聚集效应对标准误的影响，在公司层面对标准误都进行了聚类（Cluster）处理。

4.4 实证研究

4.4.1 描述性统计分析

表 4－1 报告了主要变量的描述性统计结果。从表 4－1 中数据来看，审计收费（*AUDFEE*）的平均值为 13.490，方差为 0.718，与邢立全和陈汉文（2013）、何威风和刘巍（2015）等统计基本一致。战略激进度的平均值为 2.575，方差为 0.274，表明样本企业战略激进度具有一定差异，即解释变量具有变异性，且与孙健等（2016）、王化成等（2016）研究中所报告的结果相近。

表 4－1　描述性统计

变量	Mean	Sd	Min	Max	P25	P50	P75
AUDFEE	13.490	0.718	12.210	16.300	13.020	13.380	13.820
STRATEGY	2.575	0.274	1.792	3.045	2.398	2.639	2.773
DIVERSIFY	0.829	0.198	0.266	1.000	0.692	0.928	0.989

续表

变量	Mean	Sd	Min	Max	P25	P50	P75
LEV	0.459	0.236	0.045	1.281	0.278	0.454	0.624
SIZE	21.780	1.314	18.720	25.670	20.870	21.640	22.540
ROE	0.071	0.161	-0.858	0.504	0.030	0.078	0.133
YEARLIST	1.989	0.858	0	3.091	1.386	2.303	2.639
CRAH_R	0.069	0.239	-1.231	0.773	0.0003	0.069	0.160
IR_SIZE	0.266	0.175	0.002	0.773	0.133	0.242	0.366
AUD_CHANGE	0.155	0.362	0	1.000	0	0	0
OPIN	0.952	0.215	0	1.000	1.000	1.000	1.000

4.4.2　实证检验与结果分析

表 4-2 报告了对假设 H1 的检验结果。根据第（1）列，即不控制年度和行业固定效应时，以及根据第（2）列，即加入全部控制变量以后，企业战略激进度（*STRATEGY*）前的系数都显著为正，支持了假设 H1，即表明随着企业战略激进度的增加，审计费用增加。

表 4-2　　假设 H1 的检验结果

被解释变量	(1)	(2)
	AUDFEE	*AUDFEE*
STRATEGY	0.059 *** (4.05)	0.059 ** (2.22)
DIVERSIFY	-0.166 *** (-8.07)	-0.166 *** (-3.85)
LEV	0.045 ** (2.03)	0.045 (1.05)

续表

被解释变量	(1)	(2)
	AUDFEE	*AUDFEE*
SIZE	0.400*** (108.61)	0.400*** (36.84)
ROE	0.019 (0.72)	0.019 (0.53)
YEARLIST	0.023*** (4.39)	0.023** (2.16)
CRAH_R	-0.051*** (-2.87)	-0.051** (-2.21)
IR_SIZE	-0.052* (-1.84)	-0.052 (-0.97)
AUD_CHANGE	0.005 (0.37)	0.005 (0.33)
OPIN	-0.207*** (-9.93)	-0.207*** (-6.57)
CONS	5.112*** (54.75)	5.112*** (21.15)
INDUSTRY	No	Yes
YEAR	No	Yes
R^2_*adj*	0.593	0.593
N	13031	13031

注：***，**，*分别表示在1%，5%和10%水平上显著；括号内为t值（下同）。

对于控制变量而言，资产负债率（*LEV*）、企业规模（*SIZE*）、上市年限（*YEARLIST*）与审计收费（*AUDFEE*）正相关；主营行业占比（*DIVERSIFY*）、现金流（*CRAH_R*）、审计意见类型（*OPIN*）与审计收费（*AUDFEE*）负相关，与张宜霞（2011）、邢立全和陈汉文（2013）、张天舒和黄俊（2013）、何威风和刘巍（2015）等文献一致。

4.4.3 稳健性检验

（1）工具变量法。尽管对模型（4-1）中的解释变量已经滞后一期，并且也很难预期外部财报审计收费定价对企业战略定位产生实质性影响，但也可能存在遗漏变量等问题。由此为了控制潜在的内生性对研究结论的干扰，借鉴已有研究（Xu 等，2014；王化成等，2015），本章采用同年度同行业其他企业战略激进度的均值（*STRATEGY_IND*）作为所考察企业战略激进度的工具变量。其原因在于：同行业同年度其他公司与本公司所面临的宏观环境、行业特征相同，发展机遇及挑战相似，因此，行业内的企业间即可能存在战略模仿，以降低企业战略探索风险，也可能存在寻求激进化战略，以期避免行业内过度的竞争，实现快速发展，所以目标企业与行业内其他企业的战略定位具有相关性。但是审计收费主要依赖于公司自身特征，没有证据表明同行业同年度其他公司的战略定位会影响本公司的审计收费情况，因此所选取工具也满足外生性的要求。同时，经过 Cragg - Donald Wald F、Sargan 检验，说明本章不存在弱工具变量和过度识别问题，工具变量的选择较为可靠。回归结果见表4-3。

从表4-3可以看到，根据第（1）列，同年度同行业其他企业的战略激进度与所考察企业战略激进度呈负相关关系，即二者之间存在求异特征，而企业战略激进度的预测值（*STRATEGY_PRE*）与商业信用则显著正相关，进一步排除了潜在的内生性问题，支持了假设 H1。

表 4-3　　工具变量法

被解释变量	(1)	(2)
	第一阶段回归	第二阶段回归
	STRATEGY	*AUDFEE*
STRATEGY_PRE		0.060** (2.22)
STRATEGY_IND	-0.077*** (-191.28)	
DIVERSIFY	-0.002 (-0.58)	-0.166*** (-3.85)
LEV	0.005 (1.09)	0.045 (1.05)
SIZE	0.004*** (5.493)	0.400*** (36.91)
ROE	0.003 (0.94)	0.019 (0.53)
YEARLIST	0.000 (-0.07)	0.023** (2.16)
CRAH_R	0.003 (1.26)	-0.051** (-2.21)
IR_SIZE	0.002 (0.41)	-0.052 (-0.98)
AUD_CHANGE	0.002 (1.63)	0.005 (0.33)
OPIN	0.006* (1.90)	-0.207*** (-6.57)

续表

被解释变量	(1)	(2)
	第一阶段回归	第二阶段回归
	STRATEGY	*AUDFEE*
CONS	2.512*** (168.12)	5.108*** (21.19)
INDUSTRY	Yes	Yes
Year	Yes	Yes
R^2_adj	0.967	0.593
N	13031	13031

(2) 变换模型估计方法。由于本章被解释变量全为大于 0 的数值，为了缓解采用普通最小二乘法方法估计中可能导致的偏差，本章进一步采用 Tobit 模型进行回归，回归结果见表 4－4 第 (1) 列，根据表 4－4 第 (1) 列回归结果，*STRATEGY* 前的系数在 5% 的水平上显著为正，研究结论不变。

表 4－4　　　　　变换模型估计方法

被解释变量	(1)	(2)
	Tobit 回归	固定效应
	AUDFEE	*AUDFEE*
STRATEGY	0.059** (2.22)	0.033** (2.09)
DIVERSIFY	－0.166*** (－3.85)	－0.033 (－1.64)
LEV	0.045 (1.05)	0.084*** (3.76)
SIZE	0.400*** (36.89)	0.207*** (34.21)

续表

被解释变量	(1)	(2)
	Tobit 回归	固定效应
	AUDFEE	*AUDFEE*
BM	0.019 (0.53)	0.037** (2.33)
YEARLIST	0.023** (2.17)	-0.046*** (-4.97)
CRAH_R	-0.051** (-2.22)	0.012 (1.16)
IR_SIZE	-0.052 (-0.97)	-0.129*** (-4.23)
AUD_CHANGE	0.005 (0.33)	0.018** (2.47)
OPIN	-0.207*** (-6.58)	-0.005 (-0.36)
CONS	5.112*** (21.18)	9.309*** (68.10)
INDUSTRY	Yes	No
FIRM	No	Yes
YEAR	Yes	Yes
sigma	0.443*** (61.57)	
Log pseudolikelihood	-7893.865	
R^2_adj		0.462
N	13031	13031

（3）固定效应模型。为进一步控制可能遗漏的不随时间改变的公司固定因素对回归结果的影响，本章采用企业固定效应模

型重新估计了模型（4－1），归结结果见表 4－4 第（2）列。根据表 4－4 第（2）列回归结果，*STRATEGY* 前的系数依然在 5% 的水平上显著为正，进一步表明了本章研究结论的稳健性。

（4）调整企业战略定位的衡量方法。本章重新设定企业战略的衡量方法，借鉴 Bentley 等（2013）、孙健等（2016），将模型（4－1）中的企业战略 *STRATEGY* 分别替换为表示进攻性和防御性公司的哑变量（*STRA_U* 和 *STRA_D*），如果企业战略激进度高于整体样本 3/4 分位数时，*STRA_U* 取值为 1，否则取值为 0；如果企业战略激进度低于样本 1/4 分位数时，*STRA_D* 取值为 1，否则取值为 0。回归结果见表 4－5 的第（1）列。根据表 4－5 的第（1）列，发现 *STRA_U* 前的系数显著为正，*STRA_D* 前的系数显著为负，研究结论表明相较于防御型公司，审计师对进攻型公司收取了更高的审计费用，进一步支持了本章的研究结论。

（5）调整审计收费的衡量方法。由于审计收费受到公司规模影响较大（Simunic，1980），为了进一步增强研究结果的可靠性，本章重新衡量审计收费的度量方法，设置变量 *AUDFEE*2，衡量方法为审计费用比总资产，回归结果见表 4－5 第（2）列。根据表 4－5 第（2）列，*STRATEGY* 的系数依然显著为正。

（6）进一步控制其他因素的影响。为了缓解遗漏变量造成的内生性问题，借鉴邢立全和陈汉文（2013）、张天舒和黄俊（2013）、Wang 和 Chui（2014）、何威风和刘巍（2015）等文献，本章进一步控制了事务所特征（*BIG*4，如果由国际四大会计师事务所审计则赋值为 1，否则为 0），公司行业地位（*MP*，公司 i 年度的销售额占整个行业年度销售额之和的比例），市值账面比（*BM*，总市值比总资产）、营业收入增长率（*REV_GROW*），（本期营业收入－上期营业收入）/（上期营业收入），审计客户诉讼风险（*AREA*，当公司注册地为北京、上海、天津、广东或浙江，则赋值为1，否则赋值为0）。加入这些变量到模型（4－1）后，根据表4－5第（3）列，*STRATEGY*的系数依然在1%的水平上显著为正，进一步排除了由于遗漏变量导致的内生性问题。

表4－5　　　　进一步的稳健性检验

被解释变量	(1)	(2)	(3)
	调整企业战略	变更审计收费	控制更多的变量
	AUDFEE	*AUDFEE2*	*AUDFEE*
STRA_U	0.030** (1.98)		
STRA_D	－0.032* (－1.79)		
STRATEGY		0.003* (1.88)	0.076*** (3.15)
DIVERSIFY	－0.163*** (－3.84)	－0.001 (－0.58)	－0.135*** (－3.72)
LEV	0.045 (1.06)	0.022*** (5.37)	0.156*** (3.98)
SIZE	0.404*** (37.32)	－0.019*** (－23.34)	0.349*** (32.33)
ROE	0.012 (0.33)	－0.005* (－1.69)	－0.025 (－0.72)
YEARLIST	0.016 (1.53)	0.003*** (4.99)	0.033*** (3.70)
CRAH_R	－0.054** (－2.35)	－0.005*** (－2.71)	－0.066*** (－3.21)

续表

被解释变量	(1)	(2)	(3)
	调整企业战略	变更审计收费	控制更多的变量
	AUDFEE	*AUDFEE2*	*AUDFEE*
IR_SIZE	-0.065 (-1.23)	-0.018*** (-4.72)	-0.039 (-0.81)
AUD_CHANGE	0.005 (0.39)	-0.001 (-1.00)	0.011 (0.89)
OPIN	-0.211*** (-6.65)	-0.035*** (-8.05)	-0.121*** (-4.38)
Big4			0.722*** (15.19)
MP			3.816*** (5.36)
BM			-0.061*** (-4.88)
REV_GROW			-0.003 (-0.95)
AREA			0.137*** (8.47)
CONS	5.187*** (22.94)	0.469*** (25.47)	5.905*** (25.28)
INDUSTRY	Yes	Yes	Yes
YEAR	Yes	Yes	Yes
R^2_adj	0.596	0.498	0.676
N	13031	13031	12637

4.5 影响机理分析

4.5.1 信息透明度视角

为了检验假设 H2，即相对于信息透明度越高的公司而言，信息透明度越低的公司，企业战略激进度对审计收费的正向影响越显著，本章分别从机构投资者持股比例（An 和 Zhang，2013）和分析师跟踪人数（Yu，2008；So，2013）视角衡量公司的信息透明度，并根据相应变量的年度行业中位数分为高低两组。实证结果分别见表 4－6。

表 4－6　企业信息透明度差异条件下的检验结果

被解释变量	(1)	(2)	(3)	(4)
	AUDFEE		*AUDFEE*	
	机构投资者持股		分析师跟踪人数	
	低	高	低	高
STRATEGY	0.064** (2.06)	0.049 (1.41)	0.060* (1.93)	0.061 (1.58)
DIVERSIFY	－0.074 (－1.57)	－0.247*** (－4.29)	－0.089* (－1.95)	－0.261*** (－4.21)
LEV	0.116** (2.54)	－0.040 (－0.65)	0.136*** (2.99)	－0.018 (－0.28)
SIZE	0.362*** (24.79)	0.430*** (32.29)	0.299*** (21.87)	0.432*** (31.06)
ROE	0.075** (1.97)	－0.054 (－0.94)	0.029 (0.82)	0.011 (0.19)

续表

被解释变量	(1)	(2)	(3)	(4)
	AUDFEE		*AUDFEE*	
	机构投资者持股		分析师跟踪人数	
	低	高	低	高
YEARLIST	0.029 ** (2.55)	0.022 (1.42)	0.038 *** (3.43)	0.013 (0.75)
CRAH_R	-0.070 *** (-2.97)	-0.031 (-0.83)	-0.031 (-1.19)	-0.081 ** (-2.27)
IR_SIZE	-0.134 ** (-2.18)	0.055 (0.76)	-0.033 (-0.53)	-0.046 (-0.60)
AUD_CHANGE	0.035 * (1.89)	-0.024 (-1.30)	0.010 (0.55)	-0.003 (-0.17)
OPIN	-0.190 *** (-5.55)	-0.202 *** (-3.98)	-0.132 *** (-3.76)	-0.250 *** (-5.13)
CONS	5.771 *** (17.13)	4.575 *** (15.75)	7.056 *** (22.83)	4.554 *** (14.46)
INDUSTRY	Yes	Yes	Yes	Yes
YEAR	Yes	Yes	Yes	Yes
R^2_adj	0.541	0.613	0.456	0.620
N	6023	7008	5508	7523

根据表 4-6 的第（1）和（3）列，即在机构投资者持股比例较低及分析师跟踪人数较少条件下，*STRATEGY* 前的系数都显著为正，反之，根据第（2）和（4）列，*STRATEGY* 前的系数为正，但在统计上都不显著，支持了假设 H2，表明在不同信息透明度下，企业战略激进度对审计收费存在显著不同的影响，且在较低的信息透明度条件下，进一步降低了战略激进度的可识别性和审计师对战略激进度所产生风险评判的准确性，增加了审计

师的审计风险，伴随着更多的审计程序和更大的实质性测试范围，审计师工作量会有相应的增加，从而审计师会收取更高的审计费用，以致此条件下企业战略激进度对审计收费影响更为显著。

4.5.2 内部控制差异视角

为了检验 H4，即相对于内部控制质量较高的公司而言，内部控制质量较差的公司，企业战略激进度对审计收费的正向影响越显著，本章将样本按内部控制质量的年度行业中位数分为高低两组。实证结果见表 4－7。

表 4－7　　内部控制差异条件下的检验结果

被解释变量	(1)	(2)
	AUDFEE	
	内部控制质量	
	低	高
STRATEGY	0.050* (1.67)	0.053 (1.46)
DIVERSIFY	－0.124** (－2.54)	－0.269*** (－4.24)
LEV	0.230*** (4.49)	－0.248*** (－3.20)
SIZE	0.314*** (19.63)	0.496*** (28.94)
ROE	0.033 (0.69)	0.026 (0.23)
YEARLIST	0.026** (2.25)	－0.006 (－0.37)

续表

被解释变量	(1)	(2)
	AUDFEE	
	内部控制质量	
	低	高
CRAH_R	-0.058* (-1.95)	-0.071 (-1.47)
IR_SIZE	-0.160*** (-2.68)	0.186** (2.14)
AUD_CHANGE	0.011 (0.64)	-0.026 (-1.21)
OPIN	-0.135*** (-3.99)	-0.275** (-2.24)
CONS	6.795*** (20.01)	3.205*** (8.06)
INDUSTRY	Yes	Yes
YEAR	Yes	Yes
R^2_adj	0.503	0.639
N	5104	5274

根据表 4-7 第（1）列，即当企业内部控制质量水平较低时，*STRATEGY* 前的系数显著为正，反之，根据第（2）列，*STRATEGY* 前的系数为正，但在统计上不显著，支持了假设 H4，表明在较低的内部控制质量影响下，随着企业战略激进度的增加，将会进一步提升了审计成本，推高了审计风险，从而造成审计收费增加。

4.6 进一步研究

4.6.1 企业性质差异下的审计收费变化

企业实施较为激进的战略定位所带来的不确定性和风险程度，与其自身所掌握的资源优势、政策的支持，以及是否具有来自政府的隐性担保相关。在我国市场中，非国有企业面临融资歧视等问题（Ding 等，2007；Chen 等，2010），而国有企业具有相对的投资和融资便利性（Faccio，2006），使其在同等条件下经营风险较低。纵使上市国企存在连续亏损，但在政府支持下，退市风险依然较低，违规处罚程度较轻。因此，在审计中，财务报告存在重大错报风险显著低于非国有企业，相应地，审计师面临的诉讼风险和审计成本也较低（齐鲁光和韩传模，2016）。张天舒和黄俊（2013）发现在金融危机中，由于存在政府的隐形担保，国有企业经营风险的增加并未导致事务所收取更高的审计费用。对于非国企企业，由于其融资约束水平相对较高，在资本市场中面临的业绩考核压力较大，存在较为明显的迎合监管需求的财务操纵行为，此时审计师面临较高的重大错报风险。此外，张俊瑞等（2017）认为国有企业具有政治优势，面临的投融资环境相对宽松，经营风险较小，以致大股东缺乏因融资需求等而进行盈余操纵的动机。民营企业为了获取融资更易进行盈余操纵（Tan 等，2014）。由此本章推测，相对于国有企业而言，企业战略激进度的提升对非国有企业的影响更加显著。实证结果见表 4－8。

表 4-8　　企业性质差异下的检验结果

被解释变量	(1)	(2)
	AUDFEE	AUDFEE
	国企	非国企
STRATEGY	0.024 (0.53)	0.075** (2.42)
DIVERSIFY	-0.281*** (-3.92)	-0.067 (-1.44)
LEV	-0.045 (-0.59)	0.112** (2.53)
SIZE	0.462*** (28.95)	0.342*** (23.74)
ROE	-0.016 (-0.26)	0.041 (0.98)
YEARLIST	0.012 (0.49)	0.051*** (4.56)
CRAH_R	-0.076* (-1.73)	-0.041* (-1.69)
IR_SIZE	0.021 (0.24)	-0.065 (-1.04)
AUD_CHANGE	-0.017 (-0.85)	0.020 (1.18)
OPIN	-0.260*** (-4.32)	-0.133*** (-3.86)
CONS	3.994*** (11.17)	6.104*** (18.06)
INDUSTRY	Yes	Yes
YEAR	Yes	Yes
R^2_adj	0.636	0.523
N	5891	7140

根据表 4 - 8 的第（1）列，即当样本组为国有企业时，*STRATEGY* 前的系数为正，但在统计上不显著；反之，根据第（2）列，*STRATEGY* 前的系数显著为正，支持了本章推测，即企业战略激进度的增加对非国有企业审计定价的影响更加显著。

4.6.2 审计收费差异下的审计质量特征

当企业实施较为激进的战略定位时，较高的审计收费可能源于审计师职业谨慎下实施更多的审计程序和扩大实质性测试范围的需要，以及相关风险补偿要求，并有助于激励审计师更加努力工作，降低审计风险，提高审计质量（Ashbaugh 等，2003；Eshleman 和 Guo，2014）。Kinney 和 Libby（2002）认为合理适度的审计收费有助于促进审计师谨慎而努力的工作，并为资本市场提供较高质量的审计报告，进而降低资本市场信息不对称性和代理成本，促进资本市场健康发展（施先旺等，2015）。万东灿（2015）发现审计收费与股价崩盘风险成反比，较高的审计收费能够促使审计师更多的审计投入和更高的职业谨慎，从而提高了审计质量，制约了管理层企图隐藏负面信息的机会主义动机，降低了股价崩盘风险，提高了资本市场的有效性。同时，也可能源于企业基于自身风险影响下的机会主义行为而贿赂审计师，购买审计意见的特定需求（Kinney 和 Libby，2002），从而损害了审计质量（Hoitash 等，2007）。因此，本章将进一步考察随着企业战略激进度的增加，审计收费变化的经济后果，即在不同的审计收费条件下，随着企业战略激进度的提升，企业财报的审计质量的变化。

会计舞弊和审计意见更多的表现为极端情况下的审计质量特征（Myers 等，2013），使其不能较好体现在无保留审计意见情况下，财报的审计质量特征（齐鲁光和韩传模，2016）。Choi 等

(2010) 认为操纵性应计能够较好的体现企业会计信息质量特征，由此我们借鉴 Choi 等 (2010)、齐鲁光和韩传模 (2016) 等学者的相关研究，选择在无保留审计意见条件下，企业的操纵性盈余管理衡量审计质量。其中，借鉴齐鲁光和韩传模 (2016)，参考修正的琼斯模型 (Dechow 等，1995) 衡量操纵性盈余管理，为便于分析，将操纵性盈余的绝对值乘以负 1，采用 *AUD - QUALITY* 表示操纵性盈余程度，*AUD - QUALITY* 越小表示公司的操纵性盈余管理水平越高，审计质量越低，反之，*AUD - QUALITY* 越大表示公司的操纵性盈余管理水平越低，审计质量越高。实证结果见表 4 - 9。

表 4 - 9　　审计收费差异下的审计质量特征

被解释变量	(1)	(2)
	AUD - QUALITY	
	审计收费高	审计收费低
STRATEGY	-0.001 (0.30)	-0.012 ** (2.02)
DIVERSIFY	0.003 (0.39)	-0.006 (-0.37)
LEV	0.031 *** (2.79)	0.068 ** (2.06)
SIZE	-0.010 *** (-6.48)	-0.030 *** (-5.31)
ROE	-0.003 (-0.59)	0.001 (0.41)
YEARLIST	0.003 ** (2.00)	0.004 (1.32)

续表

被解释变量	(1)	(2)
	AUD - QUALITY	
	审计收费高	审计收费低
CRAH_R	-0.008 (-0.86)	-0.020 (-0.78)
IR_SIZE	-0.014 (-1.17)	-0.062* (-1.68)
AUD_CHANGE	0.007 (1.63)	0.027** (2.52)
CONS	0.255*** (7.19)	0.644*** (5.15)
INDUSTRY	Yes	Yes
YEAR	Yes	Yes
R^2_adj	0.059	0.065
N	6619	6104

根据表4-9的第（1）列，即当样本组的审计收费较高时，*STRATEGY*前的系数为负，但在统计上不显著；根据第（2）列，在审计收费较低的组，*STRATEGY*前的系数显著为负。以上结论说明在审计师出具无保留审计意见条件下：当审计收费较高时，随着企业战略激进度的增加，企业的审计质量并没有显著下降，即随着战略激进度的提升，企业之所以支付了较高的审计费用，主要是源于维持审计师职业谨慎下的风险考虑和审计工作量增加的需要；而当审计收费较低时，随着企业战略激进度的增加，财报的审计质量却显著下降，表明当事务所收取较低的审计费用时，审计师努力工作的激励机制不足，难以保证提供高质量的审

计报告。因此，综合来看，事务所对战略激进度较高的企业，收取相对较高的审计收费至少有助于防止审计质量下降的作用。

4.7 总　　结

本章以我国沪深两市 2007—2015 年的上市企业为研究样本，通过考察企业战略定位与审计定价之间的关系及其作用机理发现：首先，随着企业战略激进度的提高，事务所对目标企业的审计收费显著增加，且通过工具变量法等控制内生性后，本章结论依然稳健。其次，在信息透明度较低、外部监督制约因素较弱以及企业内部控制质量较差的情况下，战略激进度对事务所审计收费的正向影响更为显著。最后，进一步研究发现，相对于国有企业，非国有企业较高的战略激进度对事务所审计收费的影响更为明显；事务所收取较高的审计收费可以抑制由于战略激进度下导致的审计质量下降，维持财务报告的既定审计质量水平。

本章研究结论表明，企业战略定位不仅会影响企业自身的经营行为、发展前景和风险水平，还会对外部审计师行为产生影响。另外，通过本章的研究，进一步从审计定价视角扩展了对企业战略定位溢出效应的认识，同时也契合和论证了《1211 号审计准则》的价值导向及其运用策略。另外，根据本章的研究结论，对于审计实务而言，注册会计师应该在审计过程中充分考虑企业战略定位，将其作为确定审计程序和实质性测试范围的重要参考依据，以更全面、恰当的把控企业的审计风险，并在此基础上合理确定审计定价，避免审计质量降低。

第5章 企业战略定位与股票特质波动

5.1 引　言

深化资本市场供给侧改革，提高金融服务实体经济的能力，是推进我国经济高质量发展的关键。而资本市场作用的发挥依赖于其价格发现、分散风险及促使资源优化配置等方面的能力（Fama 和 Miller，1972；Dow 和 Gorton，1997）。经典的资本资产定价模型（CAPM）认为市场是完美的，资产价格只由市场和行业层面的系统性风险决定，而企业层面的特质波动风险则与股票收益无关。然而，在现实的经济生活中，完全有效的资本市场是不存在，投资者并不能持有充分分散的投资组合来消除企业特质风险。诸多学者还发现，股价特质性波动会影响股票的预期收益（Levy，1978；Merton，1987）。因此，特质风险是被定价的，并在资本市场中扮演着重要角色，尤其对中小投资者占比较高，对大量企业处于战略转型期的我国资本市场特征而言，更需要关注特质波动风险问题。

企业战略对企业的发展具有长期性和全局性意义，影响着企业的未来发展前景和风险敞口（Wirtz 等，2016），因此，如何对企业战略进行定价，也是一个值得探索的问题。特别是在当前我国全面深化改革的时代背景下，在创新驱动、产业和消费“双升级”的推动下，企业战略转型势在必行，诸多企业开始谋求新的战略定位，随之也可能会对企业股票价格特质波动产生新的冲击。

契合外部环境特征和企业自身特点的战略定位，不仅有利于培养企业核心竞争力和持久的发展活力，促使企业获得竞争优势和行业领先地位（Porter，1980），而且还能带来未来业绩和企业价值的提升（Buzzell 和 Gale，1987；王百强等，2018）。当企业的战略呈现出独特性时，利益相关者也将给予积极的反应（Cuellar 和 Gertler，2006；Hirshleifer 等，2018）。但不同的企业战略定位，也使企业具有了“异质性”特征。根据 Miles 和 Snow（1978，2003）对企业战略类型的划分，防御型战略更关注效率，通过经营狭窄而稳定的产品和市场，并不断增强现有技术以提高产品质量和成本控制来扩大市场份额，具有更少的不确定性以及更稳定的盈利能力。因此，采用防御型战略的企业虽然面对较小的风险，但这样的企业在市场中会面临更激烈的竞争（Geletkanycz 和 Hambrick，1997；Deephouse，1999），造成利润处于行业平均水平，甚至更低，且无法引起更多投资者的关注，从而影响企业再融资和发展。对于进攻型战略而言，企业更倾向创新，试图通过开发新技术、新产品和新市场获取商机，具有高度不确定性，且往往被更多的信息不对称所困扰。因此，虽然较高的战略激进度可能为企业提供超常规发展的机会，并有可能促使企业获得行业领先地位，但也有可能给企业带来一定的风险：从财务行为视角看，战略行为激进的企业更易发生财务不端行为（Bentley 等，2013）和盈余操纵（孙健等，2016），使财务报告的重大错报风险增加；从企业经营视角看，企业战略激进度较高时，企业经营风险、违约及违规风险较高，更易产生交易摩擦和诉讼风险（孟庆斌等，2018）；从管理者视角看，战略越激进的企业，委托代理问题更严重，管理层的机会主义行为更多（Kim 等，2019）。

由此可见，企业战略定位会导致企业面临的风险和信息环境存在显著差异。根据已有文献，不确定性和信息不对称均是导致股价特质性波动上升的重要原因（Miller，1977；Hirshleifer，2001；Chan 等，2008；Dasgupta 等，2010；Hassan 和 Mertens，2017）。因此，企业战略可能对股价特质性波动存在重要影响。尤其对战略越激进的企业而言，鉴于其面临的经营复杂性、不确定性和信息不对称性越高（Habib 和 Hasan，2018；王玉涛和段梦然，2019），股价特质性波动也会更高，企业特质风险增加，影响股票预期收益。但是，当前尚未有文献从企业战略层面出发，对股价特质性波动问题进行深入研究。因此，本章关注企业战略定位对股价特质性波动的影响具有一定理论意义和实践价值。

鉴于以上分析，本章利用 2007—2018 年我国 A 股上市企业作为样本，探讨了企业战略与股价特质性波动之间的关系。研究发现：首先，企业战略激进度与股价特质性波动显著正相关，相对于防御型企业，进攻型企业的股票特质波动率更高。其次，通过检验企业战略影响股价特质性波动的内在机理发现，企业战略激进度通过提高投资者的异质信念，提升了股票的特质性波动，即投资者异质信念在企业战略影响特质性波动的过程中发挥了中介效应。通过进一步分析发现，信息透明度和公司治理水平能显著影响企业战略与股价特质性波动之间的关系。一方面，提高信息透明度会降低企业战略对特质性波动的影响；另一方面，提高外部监督和内部治理水平，同样也有助于缓解企业战略对特质性波动的冲击。最后，通过外生事件冲击检验、工具变量法，以及采用文本分析方法替换公司战略的定义方式后，研究结论依然稳健。

本章的理论贡献主要体现在以下三个方面：第一，丰富了股价特质性波动影响因素的相关研究。特质性波动主要受私人信息交易或噪声交易驱动，现有文献从产权保护（Morck 等，2000）、市场竞争（Peress，2010）、会计信息质量（Hutton 等，2009）等角度对特质性波动的影响因素进行了诸多探讨，但鲜有研究关注企业战略这一重要影响因素。本章的结论不仅发现了企业战略对特质性波动的影响，还提出了企业行为影响资本市场的一条新途径；第二，丰富了企业战略对资本市场影响后果的文献。已有研究主要围绕业绩表现（王百强等，2018）、信息透明度（Habib 和 Hasan，2018）、盈余管理（孙健等，2016）等方面对企业战略的内在经济后果进行探讨。但尚未有学者针对股价特质性波动展开研究。本章从投资者异质信念角度入手，深入探讨了企业战略影响股价特质性波动的内在机理，为企业战略影响资本市场提供了新的研究视角和经验证据，丰富了战略定位外部经济后果的理论研究；第三，本章研究结论有助于为我国企业的战略转型、管理者的战略选择和战略管理、投资者的投资决策提供参考和借鉴，具有重要的现实意义。

5.2 理论分析与研究假设

5.2.1 企业战略与特质风险

根据权衡理论，为实现更高战略目标的企业必须承担更高的风险。采用进攻型战略的企业大多具有冒险精神和创新精神，倾向于追求“高风险高回报”的创新开拓项目（Liu 和 Atuahene - Gima，2018），这可能会增加企业的不确定性和信息不对称，使其暴露于更大的风险敞口。大量研究表明，致力于创新尤其是原创性创新的企业面临的不确定性和信息不对称更高（Bhattacharya 和 Ritter，1983；Cohen 和 Lou，2012；Hirshleifer 等，2018；Fitzgerald 等，2019）。

为了开发新的商业机会，进攻型企业需要在研发和营销方面投入大量资金，由于研发项目的高失败率及消费者选择的不可预测性，使企业经营风险和不确定性增加（Huang 等，2008；Lim，2018）。对进攻型企业而言，外部融资可有效缓解由投入资金大、投资期限长所带来的资金紧缺问题，然而，战略激进度增加了外部利益相关者识别企业未来盈余能力的难度，导致融资约束加大（Bhattacharya 等，2012；孙健等，2016），违约风险或者破产风险增加（王化成等，2019）。相比之下，防御型企业从事最少的研发活动，经营风险和不确定性较低，企业未来前景的可预测性较强，企业盈利能力更稳定。

相对于防御型企业，进攻型企业的信息不对称程度也更高（Cheng 和 Kesner，1997；Ghosh 和 Olsen，2009）。首先，进攻型企业通过密集的创新和广告创造的更多的是无形资产

(Atanassov 和 Liu.，2019)，投资者在评估公司价值时可能难以处理这些信息（Aboody 和 Lev，2000），同时也很难借鉴或参考其他竞争企业的信息，从而增加了信息不对称；其次，进攻型企业会降低分析师的覆盖率（Jia，2017；何熙琼和尹长萍，2018)，因为评估创新相关的信息复杂性、不确定性和保密性，需要较高的信息处理成本和声誉成本。缺乏分析师向市场传递有价值的解读和预测信息，企业与资本市场之间的信息不对称就会更严重；然后，进攻型企业的业绩不良风险较高（Miles 和 Snow，2003)，信息披露质量更低，进一步加剧了信息不对称。孙健等（2016）研究发现，战略越激进，企业业绩波动和融资需求越高，管理者进行盈余管理的倾向更大。Habib 和 Hasan（2018）研究发现，与防御型企业相比，进攻型企业更倾向于向市场披露可读性较差的年报文本信息来掩盖其糟糕的负面业绩；最后，以往研究表明，良好的内部控制有利于降低信息不对称和缓解代理问题。然而，相对于防御型企业，进攻型企业组织结构更加分散和复杂，管理层更替频繁、员工离职率高，内部控制质量相对较差，管理层的机会主义行为增加，企业信息环境更加恶化。

由此可见，战略激进度越高，企业信息环境越差，潜在风险也越大。根据噪声交易假说，不确定性和信息不对称会加剧投资者的非理性噪声交易行为，导致股价被纳入更多的噪声而更加偏离其基础价格，股价特质性波动上升，企业特质风险增加。大量实证研究也表明，不确定性和信息不对称下的噪声交易是特质风险产生的主要原因。Dasgupta 等（2010）研究发现，当企业的信息透明度越低，市场参与者可以获得的信息越少，尤其是与未来现金流相关的信息，从而降低了预期盈余的可预测性，导致股价特质性波动增加。Rajgopal 和 Venkatachalam（2011）上出，恶化的盈余质量与更高的股票特质波动率相关，且在新上市企业、高新技术企业和陷入财务困境企业中两者关系更显著。Ashbaugh - Skaife 等（2009）提出，内部控制存在缺陷的企业，特质风险和权益资本成本都显著较高。方红星和陈作华（2015）也发现高质量的内部控制能有效抑制企业特质风险。因此，受企业战略激进度驱使，当企业的信息环境越差，其未来的发展前景、盈余能力的可预测性更低，股价中纳入的企业特质信息含量更少，噪声交易成为价格的主导，从而导致股价特质性波动更高，企业特质风险更大。

据此，提出本章的第一个研究假说：

H1：企业战略对股价特质性波动存在显著影响，战略越激进的企业股价特质性波动越大。

5.2.2 企业战略、异质信念与特质风险

异质信念是造成股价波动的重要因素（Miller，1977；Diamond 和 Verrecchia，1987）。投资者异质信念水平越高，其对股票价值判断的分歧越大，从而加剧股价的波动，推动企业特质风险上升。根据 Hong 和 Stein（2007）的研究，投资者常常因为渐进信息流动、有限注意和先验的异质性而对股票未来收益持有不同的预期或判断。可见，投资者的信息获取和信息处理在异质信念形成中起着重要作用。企业战略越激进，企业未来发展前景越不明朗，未来现金流和潜在风险的不确定性越高，使投资者的信息搜索和处理变得愈加复杂（Tetlock，2014），加之投资者是有限注意的，导致投资者对企业未来价值和盈余能力难以形成清晰的预期和判断。同时，进攻型企业的信息不对称也会增加投资者获取信息的难度和处理成本（Cohen 等，2013；Kim，2017），投资者的有限注意也会产生认知偏差，从而导致对股票未来收益预期判断的不一致性并引发估值偏误。此外，对于普通投资者而言，他们缺乏挖掘和解读信息的广泛和专业知识，当企业特质信

息的获取成本较高时（Piotroski 和 Roulstone，2004），他们更倾向于依赖分析师所提供的信息（Choi 和 Gupta - Mukherjee，2017）。然而，进攻型企业更不受分析师关注，信息不对称更高，投资者异质信念更分化，股价特质性波动更大。由此可见，投资者异质信念可能是企业战略影响股价特质性波动的内在原因，并起到了中介效应的作用。

基于以上分析，提出本章的第二个研究假说：

H2：相对于防御型企业，进攻型企业投资者异质信念更大，企业股价特质性波动更高。

5.3 研究设计

5.3.1 样本数据

本章以沪深两市 A 股上市企业为初始研究样本，并做如下筛选：(1) 剔除金融业上市企业；(2) 剔除数据缺失的企业样本；(3) 剔除当年 IPO 的观测值；(4) 由于计算股价特质波动需要一定的交易天数作为保障，本章参考已有研究剔除股票交易日小于 180 天的公司。最终获得 17737 个企业年度观测值。本章股票市场交易数据来自 CSMAR 数据库；企业财务数据来自 wind 数据库；企业战略文本数据基于 wingo 数据库获得。为消除极端值的影响，本章对所有连续变量进行了上下 1% 的 Winsorize 处理。

5.3.2 变量的选择和度量

(1) 股票特质波动率（*Idiosy*）

股票特质波动率反映了股票特质风险。借鉴 Ang 等（2006）、花冯涛和徐飞（2019）等相关研究，本章采用 Fama - French（1993）三因素模型回归得到的残差项的标准差来测量股票特质波动率。具体计算模型如下：

$$\gamma_{i,t} - \gamma_f = \alpha + \beta \times (\gamma_{m,t} - \gamma_f) + s \times SMB + h \times HML + \varepsilon_t \quad (5-1)$$

其中，$\gamma_{i,t}$、γ_f及$\gamma_{m,t}$分别表示个股收益率、无风险收益率和市场收益率，$\gamma_{i,t} - \gamma_f$为个股超额收益率，$\gamma_{m,t} - \gamma_f$为市场超额收益率；*SMB* 和 *HML* 分别表示企业规模因子和企业成长因子；ε_t为残差项。本章采用股票日收益率数据计算出企业每个月的特质波动率，即：

$$Idiosy = \sqrt{var(\varepsilon_t)} \quad (5-2)$$

（2）企业战略激进度（*Strategy*）

本章借鉴 Bentley 等（2013）、孙健等（2016）、王化成等（2016）的研究，从企业资源配置结构的 6 个维度来综合刻画企业战略激进度。这 6 个指标分别为：研发支出（研发费用/营业收入）、员工人数（员工人数/营业收入）、营业收入增长率、期间费用投入［（管理费用 + 销售费用）/营业收入］、组织稳定性（员工人数波动）、资本密度（固定资产/总资产）。并对以上 6 个变量取过去 5 年的均值。对于前 5 个变量在相应的年度/行业样本中从小到大平均分为 5 组，从小到大，分别赋值为 0 到 4，对第 6 个变量进行相反方向赋值，最后将 6 个变量的分组得分相加并取对数。*Strategy* 越大，表示企业战略越激进，反之，表示企业战略越稳健。

（3）其他控制变量

根据已有的文献并结合现有问题，本章在模型中还控制了其他相关变量。各变量的具体定义如表 5 - 1 所示。

表5-1　　变量定义

变量符号	变量名称	变量定义
Idiosy	股票特质波动率	Fama - French（1993）三因素模型回归残差的标准差
Strategy	企业战略	企业战略的度量，取值0—24，数值越大战略越激进
Size	企业规模	总资产的自然对数
Lev	企业财务杠杆	负债总额与资产总额的比值
Growth	企业成长性	营业收入增长率
Roa	资产收益率	企业净利润与总资产的比值
Listy	上市年限	企业上市年限的自然对数
BM	账面市值比	企业总资产与总市值的比值
P/B	市净率	每股股价与每股净资产的比值
Share_m	管理层持股	管理层持股与企业总股本
HHI	行业竞争程度	行业内营业收入的赫芬达尔指数
Cash	现金流量	经营活动现金流量净额与资产总额的比值
Share_1	第一大股东持股比例	第一大股东持股与企业总股本的比值
Rev_t	应收账款周转率	营业总收入与应收账款期末余额的比值
Year	年度固定效应	年度哑变量
Inds	行业固定效应	行业哑变量

5.3.3　模型设定

为检验假设H1，采用企业战略激进度 *Strategy* 为解释变量，考察随着企业战略激进度的增加，企业股价特质性波动的变化。模型设置如下：

$$Idiosy_{i,t} = \alpha + \beta_1 Strategy_{i,t} + \gamma Control\_varibles_{i,t} + \varepsilon_{i,t} \quad (5-3)$$

其中，$Idiosy_{i,t}$为股票特质波动率的度量指标，$Strategy_{i,t}$为企业战略激进度，$Control_varibles_{i,t}$为一组控制变量。若假设 H1 成立，则β_1的系数预期为正，表明随着企业战略激进度的增加，企业特质性波动增加。

对其他假设的研究，如果无特殊说明，将在模型（5 - 3）的基础上进行分组考察，在此不再赘述。在本章的所有回归中，为避免企业层面的聚集效应对标准误的影响，在企业层面对标准误都进行了聚类（Cluster）处理。

5.4 实证研究

5.4.1 描述性统计分析

表 5 - 2 报告了主要变量的描述性统计结果，包括样本均值、标准差和四分位数等统计量。结果显示，股票特质波动率的均值为 22.480，波动范围从 9.268 到 102.200，标准差为 7.923，说明股价特质性波动在不同企业之间存在显著差异，有些企业因股价波动剧烈而面临较高的特质风险。企业战略激进度的均值为 12.030，中值为 12.000，标准差为 4.271，整体分布基本合理，不同企业的战略激进度具有一定差异，这说明解释变量具有变异性。

表 5 - 2　　主要变量描述性统计

变量	MEAN	SD	MIN	P25	P50	P75	MAX
Idiosy	22.480	7.923	9.268	17.340	21.470	26.370	102.200
Strategy	12.030	4.271	0.000	9.000	12.000	15.000	24.000

续表

变量	MEAN	SD	MIN	P25	P50	P75	MAX
Size	22.040	1.295	19.380	21.110	21.870	22.790	25.960
Lev	0.443	0.212	0.048	0.275	0.439	0.603	0.967
Growth	0.206	0.508	-0.606	-0.009	0.123	0.289	3.931
ROA	0.040	0.057	-0.223	0.015	0.037	0.066	0.201
Listy	1.979	0.906	0.000	1.386	2.197	2.708	3.178
BM	0.614	0.239	0.114	0.430	0.615	0.798	1.106
P/B	3.736	3.211	0.692	1.813	2.801	4.492	22.500
Share_m	11.180	19.150	0.000	0.000	0.039	15.510	69.090
HHI	0.060	0.092	0.008	0.014	0.016	0.064	0.459
Cash	0.044	0.074	-0.194	0.004	0.044	0.087	0.250
Share_1	35.570	15.060	8.770	23.520	33.750	46.070	74.980
Rev_t	53.680	207.800	0.885	3.352	6.556	17.870	1644.000

5.4.2　相关性分析

表 5-3 为主要变量的相关系数矩阵。从表 5-3 中可以看出，在不考虑其他因素影响时，企业战略激进度 *Strategy* 与股票特质波动率 *Idiosy* 的相关系数在 1% 的水平上显著为正。这说明企业战略越激进的企业，股票特质波动率更高，符合假设 H1 的预期。其他控制变量相关系数均较低，说明本章的模型设定效果较好。

表 5-3　　　　主要变量的相关性分析

变量	Idiosy	Strategy	Size	Lev	Growth	Roa	Listy
Idiosy	1.000	0.114***	-0.255***	-0.044***	0.045***	-0.058***	-0.126***
Strategy	0.113***	1.000	-0.192***	-0.215***	0.287***	0.175***	-0.202***

续表

变量	Idiosy	Strategy	Size	Lev	Growth	Roa	Listy
Size	-0.251***	-0.197***	1.000	0.482***	0.064***	-0.007	0.292***
Lev	-0.044***	-0.211***	0.472***	1.000	0.017**	-0.383	0.291***
Growth	0.085***	0.261***	0.048***	0.043***	1.000	0.291***	-0.141***
Roa	-0.069***	0.137***	0.031***	-0.330***	0.162***	1.000	-0.139***
Listy	-0.139	-0.218	0.273***	0.310***	-0.041	-0.098***	1.000

注：***，**，*分别表示在1%，5%和10%水平上显著；括号内为t值（下同）。

5.4.3 回归分析

本章应用模型（4-1）对企业战略与股价特质性波动之间的关系进行检验，基本回归结果见表5-4。表5-4中第（1）列仅控制年度和行业固定效应，第（2）列在控制年度和行业固定效应的基础上进一步加入全部控制变量，所有结果均显示：企业战略激进度 *Strategy* 与企业特质波动率 *Idiosy* 正相关且在1%水平上显著，说明随着企业战略激进度的增加，股价特质性波动呈显著上升趋势，支持了本章的假设H1。

对其他控制变量而言，企业规模 *Size* 和上市年限 *Listy* 的回归系数为负，表明规模越小、上市时间越短的企业，由于行业竞争地位较低、财务实力较弱，可能经营业绩波动更大，往往股票特质波动率也较高。现金流量 *Cash* 的回归系数显著为负，说明企业的现金流越稳定，越不容易陷入资金链断裂的困境，股票特质波动率越低。财务杠杆 *Lev* 的系数显著为正，说明企业负债率越高偿付风险越大，从而加剧股价特质性波动。管理层持股 *Share_m* 和第一大股东持股比例 *Share_1* 的系数显著为正，此可能源于股权集中度越高，管理层实施机会主义的动机和机会越多，同时对股价下跌和业绩压力更加敏感，因而对股价特质性波动的影响也更大。行业竞争程度 *HHI* 显著增加了股价的特质波动，此可能源于市场竞争程度的提高能够促进技术溢出和信息流动（Lee 等，2019），有助于外部投资者获取更多的企业特质信息。

表 5-4　　　　假设 H1 的检验结果

变量	(1)	(2)
	Idiosy	*Idiosy*
Strategy	0.188*** (12.38)	0.090*** (5.79)
Size		-0.665*** (-6.91)
Lev		6.030*** (14.80)
Growth		0.000 (1.36)
Roa		-3.786*** (-4.61)
Listy		-0.156 (-1.34)
BM		-8.601*** (-11.62)
P/B		-0.001 (-0.16)
Share_m		0.029*** (6.63)
HHI		4.272*** (2.93)

续表

变量	(1)	(2)
	Idiosy	*Idiosy*
Cash		-2.419*** (-3.35)
Share_1		0.010** (2.36)
Rev_t		0.000 (-0.06)
Constant	20.587*** (40.01)	35.077*** (20.45)
Year	Yes	Yes
Ind	Yes	Yes
Obs	17737	16958
Adj_r^2	0.312	0.408

5.5 影响机制检验

根据对假设 H1 的实证结果，发现企业战略激进度的增加导致了企业股价特质性波动的上升。本章认为，企业战略对股票特质波动存在显著影响，原因在于投资者异质信念在企业战略影响股票特质波动的过程中发挥中介作用。企业战略越激进，投资者异质信念分歧越大，股票特质波动越高。基于此，本章将采用中介效应方法对企业战略影响企业特质波动的内在机制进行检验。

本章通过构建如下递归模型，检验投资者异质信念是否为企业战略影响股价特质性波动的中介机制：

$$Helief\_h_{i,t} = \alpha_0 + \alpha_1 Strategy_{i,t} + \delta Control\_varibles_{i,t} + \varepsilon_{i,t} \quad (5-4)$$

$$Idiosy_{i,t} = \beta_0 + \beta_1 Strategy_{i,t} + \delta Control\_varibles_{i,t} + \varepsilon_{i,t} \quad (5-5)$$

$$Idiosy_{i,t} = \gamma_0 + \gamma_1 Helief\_h_{i,t} + \gamma_2 Strategy_{i,t} + \delta Control\_varibles_{i,t} + \varepsilon_{i,t} \quad (5-6)$$

其中，*Helief_h* 为投资者异质信念。借鉴孟庆斌和黄清华（2018）等研究，采用月均换手率衡量投资者异质性信念。其他变量定义同上。

借鉴温忠麟等（2004）的方法，首先，对模型（5－4）进行回归，检验企业战略与投资者异质信念之间的关系，如果系数 α_1 显著为正，表明随着企业战略激进度的增加，投资者异质信念显著提高，此时进行第二步检验，否则终止检验；然后，对模型（5－5）进行回归，考察企业战略激进度的变化对股价特质性波动的影响，此模型与模型（5－3）相同，在此不再赘述；最后，对模型（5－6）进行回归，如果 γ_1 显著为正，γ_2 也显著为正，且 γ_2 与 α_1 相比有所下降，则表示存在部分中介效应，如果 γ_2 不显著，则表示存在完全中介效应。回归结果见表 5－5。

表 5－5　　中介效应检验

变量	(1) *Helief_h*	(2) *Idiosy*
Helief_h		10.760 *** (36.07)
Strategy	0.002 *** (3.42)	0.065 *** (4.67)
Size	－0.078 *** (－23.33)	0.173 * (1.82)
Lev	0.110 *** (5.81)	4.845 *** (13.45)

续表

变量	(1) *Helief_h*	(2) *Idiosy*
Growth	0.000 *** (-4.61)	0.000 ** (2.54)
Roa	-0.139 *** (-4.36)	-2.289 *** (-3.51)
Listy	-0.019 *** (-3.01)	0.054 (0.53)
BM	0.071 *** (4.31)	-9.363 *** (-12.44)
P/B	0.000 (-0.24)	0.000 (-0.03)
Share_m	0.002 *** (9.44)	0.002 (0.56)
HHI	0.014 (0.19)	4.125 *** (3.14)
Cash	-0.030 (-0.97)	-2.092 *** (-3.54)
Share_a	-0.002 *** (-9.62)	0.033 *** (8.93)
Rev_t	0.000 (-0.04)	0.000 (0.01)
Constant	2.075 *** (30.81)	12.752 *** (7.30)
Year	Yes	Yes
Ind	Yes	Yes
Obs	16958	16958
Adj_r^2	0.393	0.551

从表 5 - 5 第（1）列可以看到，*Strategy* 与 *Helief_h* 呈正相关关系，说明企业战略激进度会显著提高投资者异质信念。在第（2）列中，*Helief_h* 前的系数显著为正，而 *Strategy* 前系数为 0.065，相对本章表 5 - 5 第（2）列的系数 0.090 而言，有所下降。根据中介效应模型特征，可以认为 *Helief_h* 为部分中介因子，即投资者异质性信念发挥了部分中介效应的作用。以上结果支持了本章的假设 H2。

5.6　进一步研究

实施激进的企业战略，虽然会增加企业未来经营的不确定性，降低了企业运营效率（王百强等，2018），但也提高了企业风险承担能力（Bentley - Goode 等，2019），有利于提升企业价值和盈利水平（Hirshleifer 等，2018；Fitzgerald 等，2019），从而使企业可能获取更好的发展机会，甚至实现战略转型和创新发展。但是另一方面，由于激进的企业战略也加剧了外部投资者异质信念，企业股价特质风险增加，投资者面临的风险上升，以致企业融资成本增加及代理冲突加剧（Carvalho，2018；王化成等，2019），这反过来也会阻碍企业战略转型成功的概率。因此，如何避免激进的企业战略对股价特质波动的冲击，对企业达成战略目标具有重要意义。据此，本章分别从以下两个方面予以探索：

5.6.1　信息不对称对企业战略与股价特质性波动关系影响的检验

如前所述，较高的战略激进度会增加企业经营风险和不确定性，降低企业行为可识别性和可理解性，导致信息不对称程度增加（Geletkanycz 和 Hambrick，1997），更易产生财务失真行为（Bentley 等，2013；Habib 和 Hasan，2018）。孙健等（2016）基于我国市场发现企业战略激进度与盈余管理呈正相关关系。激进的企业战略还降低了会计稳健性（刘行，2016）和审计契约的稳定性（张蕊和王洋洋，2019），并且更可能隐藏负面信息（Habib 和 Hasan，2018）。信息不对称是产生投资者异质信念的重要原因。

据此本章推测提高企业信息透明度，降低信息不对称，有助于缓解企业战略对股价特质性波动的影响。基于已有研究，本章分别采用盈余质量及国际“四大”会计师事务所审计，衡量企业的信息环境。其中，根据盈余操纵水平的年度行业中值，以及年报是否被国际“四大”审计，分别将样本分为两组。回归结果见表 5－6。根据表 5－6 第（1）（2）列可以发现，*Strategy* 前的系数都显著为正，但是根据卡方检验，发现当企业盈余操纵水平较低，信息透明度较高时，*Strategy* 前系数显著变小。进一步根据第（3）（4）列可以发现，当有国际四大会计事务所审计师，企业战略对特征波动无显著影响，反之，*Strategy* 前系数依然显著为正。这一研究结论支持了上述推测，即提高公司信息透明度，改善企业信息环境，有助于降低企业战略对股价特质波动风险的冲击。

表 5－6　　企业信息环境差异影响下的检验结果

变量	（1）	（2）	（3）	（4）
	盈余质量		四大审计	
	低	高	否	是
	Idiosy	*Idiosy*	*Idiosy*	*Idiosy*
Strategy	0.096*** （5.03）	0.068*** （3.73）	0.089*** （5.53）	0.049 （0.85）

续表

变量	(1)	(2)	(3)	(4)
	盈余质量		四大审计	
	低	高	否	是
	Idiosy	*Idiosy*	*Idiosy*	*Idiosy*
Size	-0.567*** (-5.91)	-0.345*** (-3.96)	-0.589*** (-5.14)	-0.856*** (-5.06)
Lev	5.391*** (10.03)	4.813*** (9.85)	5.815*** (13.72)	8.111*** (5.49)
Growth	0.015 (1.24)	0.456** (2.55)	0.000 (1.35)	0.075** (2.39)
Roa	-8.871*** (-5.11)	-9.433** (-2.53)	-3.786*** (-4.57)	-10.911* (-1.86)
Listy	-0.189 (-1.31)	-0.309** (-2.26)	-0.205* (-1.68)	0.307 (0.72)
BM	-9.332*** (-19.86)	-10.736*** (-24.45)	-8.790*** (-10.82)	-6.168*** (-3.29)
P/B	-0.005* (-1.86)	-0.007 (-0.87)	-0.000 (-0.06)	0.336 (1.36)
Share_m	0.029*** (5.25)	0.029*** (6.12)	0.028*** (6.35)	0.007 (0.20)
HHI	3.987* (1.69)	4.886*** (2.90)	4.617*** (3.09)	-9.424 (-1.53)
Cash	-0.091 (-0.09)	-9.809*** (-3.41)	-2.622*** (-3.55)	7.157* (1.88)
Share_a	0.013** (2.23)	0.005 (1.11)	0.012*** (2.69)	-0.011 (-0.76)
Rev_t	0.000 (0.19)	0.000 (-0.64)	0.000 (-0.21)	0.000 (-0.24)
Constant	35.332*** (19.94)	31.682*** (18.00)	33.720*** (16.58)	39.073*** (10.05)

续表

变量	(1)	(2)	(3)	(4)
	盈余质量		四大审计	
	低	高	否	是
	Idiosy	*Idiosy*	*Idiosy*	*Idiosy*
Year	Yes	Yes	Yes	Yes
Ind	Yes	Yes	Yes	Yes
Obs	9569	8374	15921	1037
Adj_r^2	0. 386	0. 451	0. 400	0. 497
Chi^2	2. 83			
$Prob > Chi^2$	0. 093			

5. 6. 2 监督治理机制对企业战略与股价特质性波动关系影响的检验

管理者在企业战略的制订、执行和过程管理中扮演着关键角色。基于前文的分析，本章认为在进攻型企业中，管理者短视行为和自利动机将可能会更突出，代理成本更加昂贵。首先，进攻型企业更具实验性，可能需要更长的时间才能实现收益，而公开股票市场施加的短期业绩压力（如季度报告和盈利预期），会导致管理者的机会主义行为增加；其次，进攻型企业的短期估值折扣可能会增加被低价或敌意收购的可能性（Stein，1988；He 和 Tian，2013），有职业担忧的管理者更有短视倾向，因为被收购可能会导致替换或解雇；最后，进攻型企业加剧了经营风险和未来业绩波动，为了避免薪酬减少或被解雇，管理者更有动机隐瞒坏消息、增加盈余操纵或者降低年度报告的可读性（Li，2008；孙健等，2016；Kim 等，2019）。

良好的公司治理水平能够约束管理者的自利行为，降低财务信息披露操纵和隐藏负面信息的概率（Gul 等，2010；Hermalin 和 Weisbach，2012）。Diamond 和 Verrecchia（1991）、Healy 等（1999）研究发现改进信息披露和提高财务报告质量能缓解信息不对称，降低股价波动。王百强等（2018）指出，公司治理水平对企业战略行为的经济后果具有显著的影响，能够显著降低进攻型战略对企业运行效率的不利影响。花冯涛和徐飞（2019）进一步发现，公司治理的改善能降低外部环境不确定性对股价特质波动的冲击。

基于以上理论分析，本章推测，提供监督治理水平能够缓解激进的企业战略行为对股价特质性波动的影响。据此，参考现有文献，本章分别采用独立董事占比（An 和 Zhang，2013）和机构投资者持股比例（伊志宏等，2010）来考察企业的内部治理和外部监督对企业战略与股价特质性波动关系的影响。对于各连续变量按年度行业中值分为高低两组，回归结果见表 5－7。根据表 5－7 的第（1）到（4）列可以发现，*Strategy* 前的系数都显著为正，但是根据组内卡方检验发现，当独立董事占董事会人数比例较高以及机构投资者较多时，企业战略激进度对股价特质性波动的影响显著减弱。结论支持了上述推测，即提高公司治理水平，有助于降低企业战略对股价特质波动的冲击。

表 5－7　企业信息环境差异影响下的检验结果

变量	(1)	(2)	(3)	(4)
	独立董事占比		机构投资者持股占比	
	高	低	高	低
	Idiosy	*Idiosy*	*Idiosy*	*Idiosy*
Strategy	0.067***	0.108***	0.059***	0.110***
	(3.29)	(5.21)	(3.20)	(4.57)

续表

变量	(1)	(2)	(3)	(4)
	独立董事占比		机构投资者持股占比	
	高	低	高	低
	Idiosy	*Idiosy*	*Idiosy*	*Idiosy*
Size	-0.562*** (-6.15)	-0.710*** (-4.96)	-0.635*** (-5.18)	-0.195 (-1.39)
Lev	5.836*** (11.10)	5.940*** (10.53)	5.710*** (11.76)	5.721*** (8.99)
Growth	0.000 (0.42)	0.001** (1.98)	0.000*** (8.05)	0.000 (-0.21)
Roa	-3.728*** (-3.78)	-5.241*** (-2.76)	-6.154*** (-3.73)	-1.855* (-1.82)
Listy	-0.303* (-1.92)	-0.062 (-0.43)	-0.149 (-1.14)	-0.507** (-2.52)
BM	-9.395*** (-17.84)	-8.001*** (-7.06)	-8.115*** (-7.66)	-11.765*** (-19.18)
P/B	0.015 (0.66)	-0.002 (-0.50)	-0.004* (-1.89)	0.000 (-0.13)
Share_m	0.029*** (5.24)	0.029*** (5.06)	0.039*** (5.05)	0.003 (0.49)
HHI	2.557 (1.44)	5.397** (2.50)	-0.003 (-0.00)	9.853*** (3.57)
Cash	-3.790*** (-3.97)	-0.495 (-0.36)	-2.844*** (-2.73)	-1.588 (-1.57)
Share_a	0.008 (1.41)	0.012** (2.20)	0.001 (0.10)	0.050*** (6.27)

续表

变量	(1)	(2)	(3)	(4)
	独立董事占比		机构投资者持股占比	
	高	低	高	低
	Idiosy	*Idiosy*	*Idiosy*	*Idiosy*
Rev_t	0.000 (−0.58)	0.000*** (4.85)	0.000 (−0.95)	0.000*** (5.65)
Constant	34.317*** (18.23)	35.992*** (14.71)	36.316*** (16.03)	27.500*** (9.98)
Year	Yes	Yes	Yes	Yes
Ind	Yes	Yes	Yes	Yes
Obs	7539	9419	9849	7082
Adj_r^2	0.449	0.378	0.446	0.381
Chi^2	3.23		2.94	
$Prob > Chi^2$	0.073		0.086	

5.7　内生性及稳健性检验

5.7.1　内生性检验

上文结果表明，企业战略会对股价性特质波动产生影响，当企业战略的激进度越大，股票特质波动率就越高，但此也可能源于潜在的内生性所导致，为了缓解可能存在的内生性问题，本章通过外生事件冲击和工具变量法予以检验和解决。

（1）外生事件

如果企业战略是影响股价特质波动的重要原因，那么本章预测随着外部环境改变，投资者异质性信念降低，对企业战略形成普遍预期后，企业战略对股价特质性波动的影响将会减弱。

2015 年是我国“十二五”规划收官之年。在 2015 年我国开始全面推进实施制造业强国战略，加快实施创新发展和绿色发展战略，以实现经济高质量发展。同时，2015 年习近平总书记首次提出供给侧结构性改革的相关概念和论述，并在习近平总书记新发展理念指导下，拉开了我国“十三五”规划的序幕。总体来看，2015 年开启了我国经济转型发展新时期，对我国企业战略发展路径选择具有深远的影响。在此宏观背景下，大量企业参与到了加快供给侧改革，推进经济高质量发展的大环境中，并开始积极把握新的战略发展契机。据此推测，2015 年后，投资者逐渐对企业实施进攻性的战略模式或相关战略调整形成共识，对企业激进战略的异质性信念下降，以致企业战略激进度对股价特质性波动的影响相对减弱。

基于以上分析，本章将研究样本按 2015 年分为两组，回归结果见表 5－8。根据表 5－8 可以发现，*Strategy* 前的系数都显著为正，但是根据卡方检验发现，2015 年后，*Strategy* 前的系数显著变小，支持了本章推测。从而说明企业战略确实是影响股价特质波动的重要原因，潜在的内生性问题得以初步排除。

表 5－8　　内生性检验：外生事件冲击

变量	(1)	(2)
	Idiosy	*Idiosy*
Strategy	0.103*** (5.19)	0.046** (2.17)
Size	−0.693*** (−4.73)	−0.589*** (−6.49)

续表

变量	(1)	(2)
	Idiosy	*Idiosy*
Lev	6. 410 *** (11. 81)	5. 121 *** (9. 69)
Growth	0. 000 (1. 51)	0. 185 *** (20. 08)
Roa	-3. 266 *** (-3. 06)	-5. 626 *** (-4. 18)
Listy	0. 039 (0. 28)	-0. 497 *** (-3. 02)
BM	-9. 038 *** (-7. 30)	-8. 154 *** (-16. 88)
P/B	-0. 002 (-0. 46)	0. 000 (0. 32)
Share_m	0. 045 *** (8. 25)	0. 008 (1. 29)
HHI	-3. 452 (-1. 57)	-21. 652 *** (-4. 16)
Cash	-2. 619 *** (-2. 90)	-1. 436 (-1. 25)
Share_a	0. 019 *** (3. 72)	-0. 005 (-0. 80)
Rev_t	0. 000 (-1. 40)	0. 000 *** (7. 76)
Constant	35. 347 *** (14. 17)	41. 109 *** (19. 09)
Year	Yes	Yes
Ind	Yes	Yes
Obs	10091	6867
Adj_r^2	0. 467	0. 234

（2）工具变量法

为了进一步缓解可能存在的内生性问题，增强研究结果的可靠性，本章接下来将采用工具变量法予以控制。参照王化成等(2016)、王化成等（2017）的做法，本章分别选择企业所在地的经济发展水平 *Area* 和企业所在地的市场化水平 *Index_m* 作为工具变量。

首先，为了追求区域发展均衡协调和资源空间配置效率，我国实施了区域经济发展战略，形成了东部（东部率先发展）、中部（中部崛起)、东北（东北振兴）以及西部（西部大开发）四大区域经济板块。各区域经济发展水平呈现从东到西依次递减的格局。其中中西部地区为了推动经济高速增长，加快产业转型升级，所在地区企业将更多的采取进攻型战略，通过技术研发、新产品开发和新市场开拓获取竞争优势来应对东部发达地区的竞争压力。而对于经济发展水平较高的地区，行业竞争有序，市场环境较为稳定，企业更倾向于采取防御型战略来降低先行者成本和经营风险。同理，地区的市场化水平越高，市场成熟度越高、竞争越激烈，企业较难通过激进的创新战略形成竞争的护城河，企业更倾向于选取防御型战略。然而，对股价特质性波动而言，它不受经济因素或市场因素影响，只由企业特定因素所决定。无论地区经济发展是否发达，市场化机制是否完善，企业都可能出现特质性波动。因此，企业所在地的经济发展水平和市场化程度会影响企业的战略定位选择，而股票特质波动则不太可能受 *Area* 和 *Index_m* 直接影响，所选取的工具变量同时满足了相关性和外生性要求。

本章运用两阶段最小二乘法（2SLS）对模型进行内生性处理，回归结果如表 5 -9 所示。由表 5 -9 可以发现，第一阶段回归中两个工具变量均对企业战略激进度产生显著负向影响，表明地区经济发展水平和市场化水平越高，企业更易实施稳定的发展战略；第二阶段回归中企业战略激进度与企业特质波动显著正相关，该结论与前文保持一致。可见，经过内生性处理后本章的结论依然保持稳健。

表 5－9　　　　　　内生性检验：工具变量法

	(1)	(2)	(3)	(4)
	IV = 经济发展水平 *Area*		*IV* = 市场化水平 *Index_m*	
	第一阶段回归	第二阶段回归	第一阶段回归	第二阶段回归
	Strategy	*Idiosy*	*Strategy*	*Idiosy*
IV	-0.214*** (-3.90)		-0.178*** (-4.67)	
Strategy		0.643** (2.46)		0.554** (2.53)
Size	0.107 (1.32)	-0.710*** (-7.57)	0.111 (1.38)	-0.702*** (-7.60)
Lev	-2.490*** (-6.19)	7.352*** (9.50)	-2.521*** (-6.27)	7.139*** (10.32)
Growth	0.000*** (7.50)	0.000 (-1.30)	0.000*** (7.72)	0.000 (-1.13)
Roa	2.013 (1.55)	-4.869*** (-4.01)	1.974 (1.51)	-4.695*** (-4.24)
Listy	-0.839*** (-6.65)	0.275 (1.12)	-0.841*** (-6.69)	0.205 (0.95)
BM	-3.350*** (-7.29)	-6.783*** (-6.51)	-3.375*** (-7.34)	-7.076*** (-7.55)
P/B	0.004* (1.86)	-0.003 (-0.83)	0.004* (1.82)	-0.002 (-0.73)

续表

	(1)	(2)	(3)	(4)
	IV = 经济发展水平 *Area*		IV = 市场化水平 *Index_m*	
	第一阶段回归	第二阶段回归	第一阶段回归	第二阶段回归
	Strategy	*Idiosy*	*Strategy*	*Idiosy*
Share_m	0.042*** (9.07)	0.006 (0.53)	0.043*** (9.19)	0.010 (0.97)
HHI	0.419 (0.40)	4.045*** (2.64)	0.364 (0.35)	4.081*** (2.71)
Cash	-4.017*** (-3.52)	-0.170 (-0.12)	-4.060*** (-3.55)	-0.532 (-0.43)
Share_a	-0.027*** (-5.91)	0.025*** (2.88)	-0.026*** (-5.79)	0.022*** (2.95)
Rev_t	0.000*** (-9.81)	0.000* (1.80)	0.000*** (-9.69)	0.000* (1.78)
Cons	16.600*** (10.13)	28.882*** (6.20)	16.980*** (10.31)	30.320*** (7.60)
Year	Yes	Yes	Yes	Yes
Ind	Yes	Yes	Yes	Yes
Obs	16958	16958	16958	16958
Adj_r^2	0.144	0.317	0.145	0.344

5.7.2 替换企业战略的度量方法

虽然 Bentley 等（2013）有关企业战略的计算方法得到大量学者的认可，并据此对我国上市企业的战略行为进行了广泛的研究，但企业战略囊括的内容较为广泛，仅用财务数据难以准确全面的表达其所涵盖的内容。鉴于此，本章将采用文本数据，对企业战略做替代性度量。具体而言，本章基于 wingo 数据库，从企业财务报告中提取“转型”“升级”等相关词汇，并采用精确字和扩展字，以及精确句和扩展句两种方法，提取可能表述企业战略激进度的相关词汇，并按词频和句频形成特定数据集，在对词频取对数之后，形成企业战略激进度相关的精确词频 Req_wp 和扩展词频 Req_we，以及精确句频 Req_sp 和扩展句频 Req_se 4 个变量，然后放入模型（5－1）中予以检验。根据表 5－10 可以发现 Req_wp、Req_we、Req_sp 和 Req_se 前的系数都显著为正，表明在采用文本分析方法，替换企业战略的度量方式后，研究结论依然稳健。

表 5－10　　稳健性检验：企业战略的文本度量法

变量	(1)	(2)	(3)	(4)
	Idiosy	*Idiosy*	*Idiosy*	*Idiosy*
Req_wp	0.244*** (3.37)			
Req_we		0.257*** (3.58)		
Req_sp			0.256*** (3.40)	
Req_se				0.270*** (3.61)
Size	0.314 (1.22)	0.315 (1.22)	0.314 (1.22)	0.314 (1.22)
Lev	3.586*** (5.48)	3.582*** (5.48)	3.585*** (5.48)	3.581*** (5.48)
Growth	0.000* (1.66)	0.000* (1.66)	0.000* (1.66)	0.000* (1.66)

续表

变量	(1)	(2)	(3)	(4)
	Idiosy	*Idiosy*	*Idiosy*	*Idiosy*
Roa	2.128 (1.38)	2.128 (1.38)	2.126 (1.37)	2.127 (1.37)
Listy	-0.918*** (-4.22)	-0.918*** (-4.22)	-0.917*** (-4.22)	-0.917*** (-4.22)
BM	-11.695*** (-9.31)	-11.696*** (-9.31)	-11.695*** (-9.31)	-11.695*** (-9.31)
P/B	0.008 (1.20)	0.008 (1.20)	0.008 (1.20)	0.008 (1.20)
Share_m	0.010 (1.40)	0.010 (1.41)	0.010 (1.40)	0.010 (1.41)
HHI	5.209*** (4.74)	5.218*** (4.75)	5.214*** (4.74)	5.225*** (4.76)
Cash	1.216 (1.61)	1.227 (1.62)	1.215 (1.61)	1.227 (1.62)
Share_a	0.019* (1.83)	0.019* (1.83)	0.019* (1.83)	0.019* (1.83)
Rev_t	0.000*** (-7.41)	0.000*** (-7.38)	0.000*** (-7.40)	0.000*** (-7.37)
Constant	28.701*** (5.91)	28.681*** (5.90)	28.711*** (5.91)	28.693*** (5.91)
Year	Yes	Yes	Yes	Yes
Ind	Yes	Yes	Yes	Yes
Obs	24087	24087	24087	24087
Adj_r^2	0.424	0.424	0.424	0.424

5.7.3　固定效应模型

为进一步控制可能遗漏的不随时间改变的公司层面不可观测因素对回归结果的影响，本章采用企业固定效应模型重新估计了模型（5－1），回归结果见表 5－11。根据表 5－11 第（2）列回归结果，*Strategy* 前的系数依然在 1% 的水平上显著为正，固定效应回归结果与之前的结果一致，再次证明了本章研究结论的稳健性。

表 5－11　　　　稳健性检验：固定效应模型

变量	(1)	(2)
	Idiosy	*Idiosy*
Strategy	0.114*** (4.50)	0.139*** (5.23)
Size		0.484 (1.30)
Lev		2.000*** (2.89)
Growth		0.000** (2.45)
Roa		−0.317 (−0.35)
Listy		−0.410 (−1.01)
BM		−12.764*** (−6.36)
P/B		0.004 (1.15)

续表

变量	(1)	(2)
	Idiosy	*Idiosy*
Share_m		0.028 *** (2.83)
HHI		6.268 *** (4.02)
Cash		1.465 * (1.77)
Share_a		0.009 (0.79)
Rev_t		0.000 *** (-12.97)
Cons	18.950 *** (16.60)	17.331 ** (2.57)
Year	Yes	Yes
Ind	Yes	Yes
Obs	17737	16958
Adj_r^2	0.362	0.421

5.8 总 结

本章以2007—2018年我国A股上市公司数据为研究样本，考察了企业战略对股价特质性波动的影响及其作用机制。研究发现，首先，企业战略对股价特质性波动具有显著正向影响，相对于防御型企业，进攻型企业的股价特质性波动更大；其次，企业战略通过投资者异质信念进而影响股价特质性波动，战略越激进，投资者异质信念越大，股价特质性波动越大；最后，本章进一步分析了信息透明度和公司治理对企业战略与股价特质性波动之间的关系的影响，结果发现，信息透明度越低，战略激进度对股价特质性波动的影响更强；外部监督和内部治理水平越高，战略激进度对股价特质性波动的正向影响显著减弱。通过外生事件的冲击及采用工具变量法排除内生性等问题后，本章的研究结论仍然稳健。

本章研究具有一定的理论贡献与现实意义。首先，本章从股价特质性波动视角，研究企业战略对资本市场的影响，丰富了企业战略的外在经济后果和股价特质性波动影响因素的文献。其次，本章检验了投资者异质信念在企业战略与股价特质性波动之间的中介效应，为企业行为影响资本市场提供了新的视角和途径。最后，本章的结论有助于为我国企业的战略转型、管理者的战略选择和战略管理、投资者的投资决策提供参考和借鉴。

第6章 企业战略定位与股票股价崩盘风险

6.1 引　言

公司战略最普遍的定义是指企业在市场竞争的条件下，为了求得生存发展和更长久的突破，获取竞争优势所采取的一系列约定和行动（Hitt 等，2011），战略选择与企业面临的机遇、挑战和政策环境先关（唐孝文等，2015），成功的战略有利于产生知识创新，促进科技成果转化，并最终形成竞争优势（郑沃林等，2017）。近年来，随着中国逐渐走向开放的市场环境，企业间的竞争也愈演愈烈，曾经处在垄断行业的公司和国有控股公司也不得不面对激烈的市场竞争，为了获得相应优势，在市场中拥有一席之地，很多企业都将未来战略视为成败的关键因素，纷纷采取差异化的公司战略，以求找到行业的突破点，在竞争中获得独特且长久的领先地位。但是随着中国资本市场的发展，一个更深刻的问题再次拷问公司管理层的战略选择，究竟偏离行业的战略选择是否可以给企业带来超额的收益呢？这一问题不仅在实践应用中具有重要意义，早前在学术界也引起了广泛的关注，企业基于规模经济和减小风险等多重目的而实施多元化战略被视为差异化的一种，也是公司战略层面最早的研究维度，但关于多元化战略的研究结论却并不一致，甚至在二者之间有无关系都存在不同观点，正向、负向、倒“U”形关系的结论层出不穷，但也正是因为研究结论的不统一，这一问题的讨论才吸引了更多学者的关注和讨论（杨林和陈传明，2005；薛求知和伊晟，2012；张晓昱等，2014；唐孝文等，2015），目前普遍认为信息技术投入，以及企业战略与战略要素的匹配度是影响二者关系的重要机制，并在此基础上进一步细分了占率的相关多元化和非相关多元化（赵凤等，2012）。

此后学者们不仅在战略度量上引入了成本领先、差异化等方式，对于战略制定的意义研究也不再局限于与企业绩效的关系，学者们开始探索公司的经营风险是否也与差异化的战略有关？管理学文献表明，偏离行业的战略不利于企业获得更多资源，包括显性资源和隐形资源，同时还会加剧企业与银行或者监管机构之间的矛盾，进而增加了企业在经营过程中的波动性（DiMaggio和Powell，2000；Tang等，2011）；相反的，战略差异度较小的公司，其取得极端结果的概率就较低，而不管是极端失败还是极端成功，都提高了企业经营的波动性和未来发展的不确定性（Finkelstein和Hambrick，1990；Hiller和Hambrick，2005；Tang等，2011）。而波动性作为衡量风险的重要参考，从某种程度上说明了偏离行业的程度会影响企业的经营风险。

这样的研究结论在当时的市场上引起了投资者的“恐慌”，

特别是曾经一度依靠科技研发等概念走强的股票受到了较强冲击，股价大幅下跌，一些投资者甚至将战略差异的大小与股价下跌之间建立了对等关系，将自己投资的失败归咎于公司选择了异质化的战略。

近年来股价暴跌现象的频发使学者们开始关注背后的根本原因，比较一致的结论认为是由于负面消息的隐藏积累，在时间滞后的某一阶段集中释放，对股价造成的极大负面冲击，其本质是股票价格向股票价值迅速回归的过程，这一观点将股价崩盘风险与传统意义上简单的波动性加以区分，即虽然经营的不确定性质会加大公司业绩波定性，但是并不一定会带来向下偏度的大幅增加，即股价“灾难性”的下跌。那么公司战略的差异到底会怎样影响股价崩盘的风险呢?

为了解决上述疑问，本章以我国沪深 A 股上市公司为样本，将公司视为一个整体，从中观层面研究分析企业战略的选择对股价崩盘风险的影响，并进一步探究其对股价暴跌产生影响的路径。本章的研究发现：（1）公司战略差异与股价崩盘风险之间呈负相关关系，即公司战略偏离行业程度越大，股价崩盘风险越低；（2）公司战略差异程度主要是通过真实活动盈余管理这个中介变量来降低股价的崩盘风险。

与以往文献相比，本章的贡献体现在：首先，区分了一般意义上的风险和股价崩盘风险，特别从内在风险机理上进行了对比分析，强调了加剧崩盘风险的根本因素是负面消息的积累和集中释放；其次，丰富了崩盘风险的影响因素，将企业作为一个整体，并非局限于管理层个人特质上，强调公司整体的战略选择与股价暴跌之间的关系；同时，分析了公司战略差异对股价崩盘风险产生影响的内在机理，最后，本章强调了信息不对称本身并不会对崩盘风险产生影响，关键还是取决于公司是否以及如何利用这种客观层面上信息不对称的“优势”对负面消息进行了隐藏，虽然公司战略差异较大的公司不易获得投资者的理解，增加了双方的信息不对称程度，但正是基于这种“优势”，使战略差异大的公司选择了对股价崩盘风险影响较小的会计盈余管理，而非更加隐蔽，却危害更大的实际活动盈余操纵，才相对来说降低了股价崩盘风险。

6.2　理论分析与研究假设

6.2.1　文献综述与研究假设

股价崩盘的实质是指负面消息超过了公司容纳的限度后在一个时刻集中对外公布，使股票价格面临极大下行压力，股价暴跌概率显著增加。公司管理层往往基于个人利益，如掏空公司（Kim等，2011）、会计稳健性（王冲和谢雅璐，2012）、非效率投资（田昆儒和孙瑜，2015）、内部控制（蒋红芸和李茜茜，2017）、环境不确定性（苗丹，2017）和大宗交易（朱彬彬，2017）等原因，有动机隐瞒坏消息，此外，Bleck和Liu（2007）认为股东考虑资本结构，侵占债权人利益，管理层追求“帝国价值”等原因，有动机在净现值非正的项目上进行投资，田昆儒和孙瑜（2015）也认为管理层的非效率投资状况越严重，就越有动机向外界隐瞒其代理动机和利益侵占行为等负面消息。随后，学者们研究角度变产生了一定改变，从以前强调管理者的主观意识或者个人利益的方向转为关注管理层的客观事实，如CFO和CEO的性别等因素（李小荣和刘行，2012）。

但是，对于公司内部特征的研究仍然主要集中在管理者的个人特征上，忽略了公司作为一个整体的选择，往往也会对信息披露，盈余管理产生影响，进而增加或者降低股价崩盘风险。战略作为公司最高层面的选择，是一个动态复杂的系统（穆文琦等，2016），对企业信息环境和风险的影响也是客观存在的，由此，从信息质量和股价风险视角进一步探索企业战略选择具有重要的理论和现实意义。

从信息的提供者角度来说，一方面，采用贴近行业一般战略的公司往往因为“同质化陷阱”而不得不面临更加激烈的竞争（Deephouse，1999；Geletkanycz 和 Hambrick，1997），处在其中的企业为了能使自己在同行业中脱颖而出，往往会采取比较激进的方法，也就是当企业无法在经营方面获得突破时，便会在其他方面绞尽脑汁“做手脚”。叶康涛（2014）发现，由于公司战略差异越小的公司被外界理解的程度越高，很难隐藏一些“不端行径”，所以相比起应计项目，更愿意选择较为隐蔽的实际盈余管理，从报表和附注披露来看，似乎是提供了更加切合企业实际情况的信息，减少了企业和投资者之间的不对称程度，但是，实际盈余管理却给公司带来了更加致命的问题。事实上，实际盈余管理更会增加信息不对称的程度（Ewert 和 Wagenhofer，2005；Cohen 等，2008），因为真实活动盈余操纵更不容易被发现，会计师事务所和证监会等监管部门的监督和审查也很难将企业人为的盈余操纵与客观条件需要的经营调整区分开来，外部投资者由于缺乏专业知识和充分的信息，更是很难判断出二者的区别。而从这个层面来说，应计项目的盈余管理更易识别，不论是普通投资者对于利润和经营现金流差异的判断还是会计师事务所对该项目的审查，都可以较好的保证信息的对称性。当公司采用偏离行业的战略时，采用实际盈余管理的动机就会减弱，公司和投资者之间的信息传递更为真实，降低了未来的股价崩盘风险。进一步的，孙健等（2016）、赵欢（2017）发现战略会对公司的融资需求产生影响，激进的企业战略，会导致更高的融资约束。Easton和 Zmijewski（1989）、Francis 等（2005）等发现在企业融资成本较高的情况下，股价对会计盈余的敏感系数会低于一般水平，而偏离行业的战略会加大公司的融资成本（叶康涛等，2014），所以战略差异较大的公司即使实施了会计盈余管理，其对股价崩盘风险的影响也较为有限。

这里需要强调的一点是，并不是所有的信息不对称都和股价崩盘风险呈正相关关系，因为崩盘的本质是负面消息的积累，也就意味着往往是由于公司层面主观的想要隐藏坏消息或者推迟坏消息的披露，才可能导致公司利用较高的不对称程度进行各种类型的盈余管理或者欺瞒行为，进而增加股价崩盘风险（陶洪亮，申宇 2012；邹萍，2013）。如果只是因为外界不易理解公司的战略选择，或者对于公司未来发展不确定性存有更大疑虑等客观因素而导致的公司与外界的信息不对称，只能说明公司存在利用信息不对称进行舞弊的潜在“优势”，并不代表公司一定会采取灰色行动隐瞒经营情况。所以单纯由于这种原因造成的“信息不对称”也就不一定会对股价产生巨大负面影响。虽然叶康涛（2015）等人均提出公司采取异于同行业的战略不能被投资者理解，所以虽然战略差异大的公司往往具有更高的信息不对称程度。但是这里面所指的却是第二种情况，这种类型的信息不对称本身并不会造成股价崩盘，关键还是取决于公司是否以及如何利用这种客观层面上信息不对称的“优势”对负面消息进行了隐藏。尽管如此，战略差异较大的公司还是会努力向公众多披露公司信息，以期降低客观存在的信息不对称程度来降低公司融资成本（索有，2012）。

而从信息的收集者和传递者角度来说，实行差异化的战略会引起第三方的关注，主要是因为对于分析师而言，偏离行业的战略可能带来超预期收益，因而有关注的价值。同样对于媒体而言，差异化的战略报道更能吸引读者，体现报道价值，徐媛媛等（2015）发现分析师倾向于调研经营不确定性更大以及公司规模更大的上市公司；徐欣（2010）也发现我国的分析师倾向于跟踪研发投入活动较频繁的企业并对公司研发活动进行深层次分析，且这种具备信息优势和判别能力的调研跟踪有利于资本市场对公司研发活动的理解。进一步的，媒体和分析师作为外部重要的监管者和信息中介，他们的关注可以向市场传递企业信息，有效降低股价崩盘风险（许年行等，2012，罗进辉/杜兴强，2014）。

据此，本章提出假设：

H1：公司战略差异与股价崩盘风险呈显著的负相关关系，即公司战略差异越大，股价崩盘风险越低。

同时综合以上的分析，企业作为信息的披露者，当实行差异化的战略时，往往有动机提供更多信息，同时较少使用真实活动盈余管理，避免了负面信息积累造成的股价崩盘。另一方面，对于信息传递者而言，差异化的战略也会吸引更多媒体和分析师的关注，通过他们深入的调研和报道，及时向市场提供企业信息，发挥其信息中介作用进而降低股价暴跌的概率。据此，本章提出假设：

H2a：公司战略差异对股价崩盘产生的负向影响是通过实际盈余管理造成的，即真实活动盈余管理是公司战略差异对股价崩盘风险影响的完全中介变量。

H2b：公司战略差异对股价崩盘产生的负向影响是通过第三方关注造成的，即第三方关注度是公司战略差异对股价崩盘风险影响的完全中介变量。

6.3　研究设计

6.3.1　样本选择及数据来源

本章以我国 A 股上市公司为研究样本，研究公司战略差异对股价崩盘风险的影响。本章的数据中除员工人数来自万得数据库外，其余全部来自于国泰安数据库。本章按照如下标准对样本进行剔除：(1) 剔除金融保险类上市公司；(2) ST、* ST 类上市公司；(3) 同时发行 AB 股、AH 股、ABH 股的上市公司；(4) 每年交易周份低于 35 周的数据；(5) 以及样本出现缺失值的公司。(6) 媒体报道指标滞后一期的影响。最终样本观测值为 6702 个。本章对所有连续变量进行 1% 和 99% 的缩尾处理。

6.3.2　变量定义

(1) 股价崩盘风险的度量。关于股价崩盘风险的度量，我们主要参照目前普遍使用的两种度量指标（Chen 等，2001），具体方法如下：

$$R_{i,t} = a_0 + a_1 R_{m,t-2} + a_2 R_{m,t-1} + a_3 R_{m,t} + a_4 R_{m,t} + 1 + a_5 R_{m,t+2} + \varepsilon_{i,t} \quad (6-1)$$

其中：$R_{i,t}$为股票 i 第 t 周考虑现金红利再投资的收益率，$R_{m,t}$为 A 股所有股票在第 t 周的平均收益率（经过流通市值加权处理）。$R_{m,t-2}$，$R_{m,t-1}$，$R_{m,t+1}$，$R_{m,t+2}$分别为市场收益 $R_{m,t}$的超前两项和滞后两项，加入此 4 项用以调整股票非同步性交易的影响（许年行，2012）。

其次，构造以下两个变量用以度量股价崩盘风险：

①负收益偏态系数（*Ncskew*）：

$$Ncskew_{i,t}=-[n(n-1)^{\frac{3}{2}}\sum w_{i,t}^{3}]/[(n-1)(n-2)(\sum w_{i,t}^{2})^{\frac{3}{2}}] \quad (6-2)$$

其中：n 为股票 i 每年的交易周数。$w_{i,t}$为股票 i 在第 t 周的特有收益，度量方法为：$w_{i,t}=\ln(1+\varepsilon_{i,t})$，$\varepsilon_{i,t}$为回归方程（6－1）的残差。

②收益上下波动比率（*Duvol*）：

$$Duvol_{i,t}=log\{[(n_u-1)\sum_{Down}w_{i,t}^{2}]/[(n_d-1)\sum_{Up}w_{i,t}^{2}] \quad (6-3)$$

其中：nu（nd）为股票 i 的周特有收益率 $w_{i,t}$大于（小于）年平均收益 w_i的周数。*Duvol* 的数值越大，表示收益率分布更倾向于左偏，崩盘风险越大。

（2）公司战略差异的度量。公司战略差异指标，本章借鉴（Mintzberg，1978；Tang 等，2011），通过以下指标反映企业的资源配置结构：

$$差异_1=|\{广告强度_{i,t}-E(广告强度_{m,t})\}/SD(广告强度_{m,t})| \quad (6-4)$$

$$差异_2=|\{研发强度_{i,t}-E(研发强度_{m,t})\}/SD(研发强度_{m,t})| \quad (6-5)$$

$$差异_3=|\{资本密集度_{i,t}-E(资本密集度_{m,t})\}/SD(资本密集度_{m,t})| \quad (6-6)$$

$$差异_4=|\{固定资产更新度_{i,t}-E(固定资产更新度_{m,t})\}/SD(固定资产更新度_{m,t})| \quad (6-7)$$

$$差异_5=|\{期间费用投入_{i,t}-E(期间费用投入_{m,t})\}/SD(期间费用投入_{m,t})| \quad (6-8)$$

$$差异_6=|\{财务杠杆_{i,t}-E(财务杠杆_{m,t})\}/SD(财务杠杆_{m,t})| \quad (6-9)$$

其中：广告强度 = 广告费用/营业收入；研发强度 = 研发支出/营业收入；资本密集度 = 固定资产净值/员工人数；固定资产更新度 = 固定资产净值/固定资产原值；期间费用投入 = 管理费用/营业收入；财务杠杆 =（短期借款 + 长期借款 + 应付债券）/净资产；式中 E 为公司所处行业在各个维度上的平均情况，而 SD 则代表行业内的标准差，各个维度上的差异指标均以绝对值方式处理，不区分和行业均值偏差的方向。

（3）真实活动盈余管理的度量。参照 Roychowdhury（2006），实际盈余管理指标具体回归方法如下：

①酌量费用操纵（$DISX\_RM$）的估计：

$$\frac{DISEXP_t}{TA_{t-1}} = a_0 + a_1 \frac{1}{TA_{t-1}} + \beta_0 \frac{SALES_{t-1}}{TA_{t-1}} + \varepsilon_t \qquad (6-10)$$

②生产成本操纵（$PROD\_RM$）的估计：

$$\frac{PROD_t}{TA_{t-1}} = a_0 + a_1 \frac{1}{TA_{t-1}} + \beta_0 \frac{SALES_t}{TA_{t-1}} + \beta_1 \frac{\Delta SALES_t}{TA_{t-1}} + \beta_2 \frac{\Delta SALES_{t-1}}{TA_{t-1}} + \varepsilon_t \qquad (6-11)$$

③销售操纵（CFO_RM）的估计：

$$\frac{CFO_t}{TA_{t-1}} = a_0 + a_1 \frac{1}{TA_{t-1}} + \beta_0 \frac{SALES_t}{TA_{t-1}} + \beta_1 \frac{\Delta SALES_t}{TA_{t-1}} + \varepsilon_t \qquad (6-12)$$

④真实活动盈余管理的估计：

$$EM\_Proxy_t = EM\_PROD_t - EM_{CFOt} - EM_{DISEXPt} \qquad (6-13)$$

将式（6－10）、（6－11）、（6－12）3 个公式按照年度和行业进行循环回归得到残差ε_t，作为各个维度上的异常部分最终得到真实盈余管理的总体衡量指标。

（4）控制变量。参照 Chen 等（2001）、Hutton 等（2009）、

Kim 等（2011）和许年行等（2013）等，本章在模型中加入控制变量如下：①*Turnover*：股票换手率变化，股票 i 本年度月平均换手率减去上年度月平均换手率的差与本年度的月均换手率之比；②*Ret*：股票 i 的年度收益率；③*Sigma*：股票周收益率 $w_{i,t}$ 的标准差；④*Size*：上市公司总资产的自然对数；⑤*Mb*：本章使用托宾 *Q* 值代替上市公司市账比；⑥*Lev*：上市公司的资产负债率；⑦*Roa*：上市公司的总资产收益率，即净利润比总资产；⑧*ABACC*：会计盈余管理指标；⑨*Analyst*：上市公司分析师跟踪人数的自然对数，用以衡量市场第三方对上市公司的关注程度。此外我们还控制了行业因素和年度因素。模型中主要变量的定义见表 6－1。

表 6－1　　　　模型中主要变量的定义

分类	变量符号	变量定义
因变量	$Duvol_{i,t}$	第 t 年的收益上下波动比率，使用上文方法计算
	$Ncskew_{i,t}$	第 t 年的负收益偏态系数，使用上文方法计算
解释变量	DS_{t-1}	战略差异度，*DS* 指标越大，表示该企业的战略越极端，与同行业竞争对手的战略差异越大
控制变量	$Sigma_{i,t-1}$	第 t－1 年按照上文计算的经过市场调整的周收益率的标准差
	$Size_{i,t-1}$	第 t－1 年公司总资产的自然对数
	$Mb_{i,t-1}$	以第 t－1 年上市公司的托宾 *Q* 值代替
	$Lev_{i,t-1}$	第 t－1 年资产负债率，上市公司总负债与总资产之比
	$Turnover_{i,t-1}$	第 t－1 年上市公司流通股换手率的增长率
	$Ret_{i,t-1}$	第 t－1 年上市公司股票年回报率
	$Roa_{i,t-1}$	第 t－1 年总资产报酬率，上市公司净利润与平均总资产之比

续表

分类	变量符号	变量定义
控制变量	$ABACC_{i,t-1}$	第t-1年信息透明度指标，使用修正的JONES模型分行业分年度计算得到的操纵性应计利润
	EM_Proxy_{t-1}	第t-1年上市公司真实活动盈余管理指标，参照Roychowdhury模型分行业分年度计算得到的三类盈余管理程度之和
	$Analyst_{t-1}$	第t-1年上市公司分析师跟踪人数的自然对数
	Industry	行业虚拟变量，使用2012年证监会行业分类，制造业细分到门类，非制造业细分到大类
	Year	年度虚拟变量

6.3.3 实证模型

为检验公司战略差异对股价崩盘风险的影响，我们借鉴许年行（2013）许年行（2012）研究模型，最终建立以下模型，相关变量定义见表6-1。

$$Duvol_{i,t} = \beta_0 + \beta_1 ExplanatoryVariable_{i,t-1} + \beta_i contr\_var + \mu_{i,t} \tag{6-14}$$

$$Ncskew_{i,t} = \beta_0 + \beta_1 ExplanatoryVariable_{i,t-1} + \beta_i contr\_var + \mu_{i,t} \tag{6-15}$$

6.4 实证检验

6.4.1 描述性统计

主要变量的描述性统计显示，*Duvol* 的平均值为-0.08，标准差为0.73。*Ncskew* 的平均值是 -0.11，标准差是0.69，用以上两种指标算出的结果较为一致。许年行等（2012）计算的股价崩盘风险指标 *Duvol* 标准差是0.72，*Ncskew* 标准差是0.85，可见，本章计算的股价崩盘风险指标与许年行等（2012）计算结果相近，但因为时间跨度选择差异较大，导致均值有小幅偏差。经过对比，其他变量均未发现异常。

表6-2　　变量描述性统计

变量	均值	标准差	最小值	最大值
Ncskew	-0.0814	0.665	-3.707	2.962
Duvol	-0.0683	0.720	-3.048	2.775
DS	0.429	0.317	0.0424	6.199
Lev	0.465	0.282	0.00173	8.612
Mb	1.953	2.134	0.0826	101.5
Roa	0.0464	0.0714	-1.558	2.677
Size	21.90	1.261	16.52	28.51
Turnover	-0.106	0.461	-5.916	1.773
Sigma	0.0436	0.0181	0.00545	0.179
Ret	0.393	0.912	-0.869	11.95
ABACC	0.00162	0.149	-4.242	2.891
EM_Proxy	-0.00957	0.380	-5.547	16.97
Analyst	2.356	1.104	0.000	4.317

注：因为员工人数不是证监会指定披露的信息，故因此项缺失值损失了较多有效样本。

6.4.2　相关性分析

表6-3为书中主要变量的相关性分析，我们发现 *Duvol* 和 *Ncskew* 相关性为0.924，可见两者具有很高的相关性。模型中其

他变量的相关系数较低，基本上均在 0.3 以下，初步排除多重共线性影响，后文回归后输出方差膨胀因子，均略大于 1 并小于 5，因此，本章研究不存在多重共线性的影响。

表 6－3　　　　主要变量的相关系数

	Ncskew	*Duvol*	*DS*	*Sigma*	*Turnover*	*Size*	*Roa*
Ncskew	1						
Duvol	0.924***	1					
DS	－0.037***	－0.014	1				
Sigma	0.006	0.014	－0.005	1			
Turnover	－0.196***	－0.222***	0.0130	0.051***	1		
Size	－0.001	0.046***	0.044***	－0.112***	0.092***	1	
Roa	－0.155***	－0.182***	－0.106***	－0.088***	－0.047***	0.013	1

6.4.3　公司战略差异与股价崩盘风险

表 6－4 报告了公司战略差异与股价崩盘风险的回归结果。在仅控制公司战略差异的情况下，第（1）列和第（4）列公司战略差异的系数分别为 －0.088 和 －0.081，均为负值，且在 1% 和 5% 的显著性水平下显著。在第（2）列和第（5）列中，进一步控制公司层面影响股价崩盘风险的控制变量，发现其回归系数分别为 －0.08 和 －0.074，两者仍在 5% 的显著性水平下显著随着学者们对于公司透明度的关注，本章在控制变量中进一步引入修正琼斯模型计算出的会计盈余管理指标 *ABACC* 指标，第（3）列和第（6）列结果显示，公司战略差异系数分别是 －0.079和 －0.074，且均在 5% 显著性水平下显著，与第二组回归结果基本一致。

从控制变量来看，*Size*、*Mb*、*Ret*、*Roa*、*Sigma* 和 *Lev* 等指标

与股价崩盘风险的关系均与现有文献保持一致。可见，在控制相关控制变量后，公司战略差异与未来的股价崩盘风险仍呈显著负相关关系，说明当公司战略差异较小的时候，企业采取非常规手段隐瞒坏消息的行为就越多，当这些危害大且又不易被发现的负面消息积累到一定程度集中爆发后，股价崩盘的风险就会显著提高，因此，研究假设 H1 得到验证。

表 6-4　　公司战略差异对股价崩盘风险的回归

变量	*Ncskew*			*Duvol*		
	(1)	(2)	(3)	(4)	(5)	(6)
DS	-0.088*** (-2.74)	-0.080** (-2.20)	-0.079** (-2.19)	-0.081** (-2.43)	-0.074** (-2.00)	-0.074** (-1.99)
Turnover		0.021 (0.98)	0.022 (1.03)		0.042* (1.90)	0.044** (1.96)
Size		0.019** (2.34)	0.016* (1.93)		0.033*** (3.96)	0.029*** (3.52)
Roa		-1.002*** (-5.29)	-1.149*** (-6.00)		-1.096*** (-5.65)	-1.258*** (-6.41)
Mb		0.022*** (2.69)	0.025*** (2.99)		0.019** (2.22)	0.022** (2.55)
Lev		-0.241*** (-5.36)	-0.241*** (-5.38)		-0.241*** (-5.24)	-0.241*** (-5.25)
Sigma		4.016*** (5.78)	3.902*** (5.62)		5.017*** (7.04)	4.888*** (6.87)
Ret		0.047*** (4.39)	0.047*** (4.41)		0.041*** (3.71)	0.041*** (3.74)
ABACC			0.290*** (4.80)			0.317*** (5.12)

续表

变量	Ncskew			Duvol		
	(1)	(2)	(3)	(4)	(5)	(6)
Year	Yes	Yes	Yes	Yes	Yes	Yes
Industry	Yes	Yes	Yes	Yes	Yes	Yes
N	6702	6702	6702	6702	6702	6702
adj. R^2	0.191	0.184	0.187	0.168	0.140	0.143
F	89.870	56.846	55.865	77.148	41.342	40.973

6.4.4 中介效应检验

表 6-5 分别报告了加入真实活动盈余管理指标和上市公司分析师跟踪数量后，公司战略差异与股价崩盘风险的回归结果，结果显示，当加入 *EM_Proxy* 后，公司战略差异的系数显著性明显降低，两个指标计算出的 T 值只有 -1.15 和 -0.81，同时 *EM_Proxy* 指标与股价崩盘风险显著正相关。而当加入上市公司分析师的跟踪人数后，公司战略差异 *DS* 显著性却没有得到任何降低，T 值分别为 -2.27 和 -2.07，说明分析师的关注程度并不是公司战略差异对股价崩盘产生影响的中介变量。因此，假设 H2b 未得到验证。

表 6-5　公司战略差异对股价崩盘风险影响的中介效应检验结果

变量	Ncskew		Duvol	
	(1)	(2)	(3)	(4)
DS	-0.045 (-1.15)	-0.082** (-2.27)	-0.033 (-0.81)	-0.077** (-2.07)
EM_Proxy	0.179*** (5.81)		0.205*** (6.51)	

续表

变量	Ncskew		Duvol	
	(1)	(2)	(3)	(4)
Analyst		-0.012 (-1.43)		-0.012 (-1.47)
Turnover	0.034 (1.44)	0.028 (1.27)	0.059** (2.47)	0.050** (2.22)
Size	0.017* (1.83)	0.018*** (2.61)	0.031*** (3.38)	0.033*** (3.99)
Roa	-0.926*** (-2.85)	-1.079*** (-5.52)	-0.989*** (-2.93)	-1.177*** (-5.88)
Mb	0.024*** (2.63)	0.028*** (3.31)	0.023** (2.49)	0.026*** (2.94)
Lev	-0.242*** (-4.94)	-0.242*** (-5.40)	-0.240*** (-4.78)	-0.243*** (-5.28)
Sigma	3.824*** (4.35)	3.774*** (5.40)	4.758*** (5.46)	4.739*** (6.62)
Ret	0.047*** (4.08)	0.044*** (4.09)	0.036*** (3.10)	0.037*** (3.38)
ABACC	0.159** (2.23)	0.284*** (4.69)	0.156** (2.15)	0.309*** (4.99)
Year	Yes	Yes	Yes	Yes
Industry	Yes	Yes	Yes	Yes
N	6702	6702	6702	6702
adj. R^2	0.181	0.187	0.139	0.144
F	44.476	54.064	32.568	39.717

本章分析，这可能与特定的政策背景和市场情况有关，在中国，卖方分析师由于受到公司投行业务的利益牵绊而较常发布增持预测报告，但这种预测往往有乐观偏差，且许年行等（2012）认为这种偏乐观的预测偏离了公司真实的情况，会增加公司股价暴跌的可能性。随后，许行年，于上尧等（2013）发现买方分析师也缺乏独立的判断和对公司持续的跟踪研究，导致机构投资者普遍存在跟风行为，这种“羊群行为”也显著增加了股价暴跌的概率。所以公司之外的第三方虽然具有一定程度的独立性，但是都会基于自身利益传递不准确的信息，导致其对抑制股价暴跌的作用有限。这种情况下，虽然战略差异较大的公司会吸引媒体、分析师等第三方的关注，即公司战略差异与分析师跟踪数量之间呈正相关关系（徐媛媛，2015；徐欣，2010），但是报喜不报忧的特点使公司负面消息未能被充分释放，分析师向市场传递信息的媒介作用未能有效发挥，最终导致其很难成为解释战略差异与股价崩盘风险负向关系的中介变量。

为进一步验证真实活动盈余管理所“扮演”的中介变量角色，本章参照叶康涛等（2015）做法，用公司战略差异指标对真实活动盈余管理进行了回归，结果如表 6 - 6 所示，第（1）列系数 T 值为 - 12.59%，在 1% 显著性水平下显著为负，说明差异化的公司战略可以降低企业的真实活动盈余管理行为，根据中介效应理论，结合表 6 - 5 回归结果，证明了公司战略差异对股价崩盘风险造成的影响主要是通过真实活动盈余管理造成的，且二者之间是完全中介效应，因此，假设 H2a 得以证明。

6.4.5　稳健性检验

（1）考虑到我国报表和报表附注均不单独披露广告支出和研发支出，前文采用替代指标的方法可能产生一定误差，故在稳

表 6-6　公司战略差异对真实活动盈余管理的回归

变量	*EM_Proxy*
DS	-0.148 *** (-12.59)
Controlvariable	已控制
Year	已控制
Industry	已控制
N	6702
adj. R^2	0.207
F	71.497

健性检验中我们剔除了广告投入强度测量维度，同时使用国泰安数据库上新增的研发投入明细数据，代替企业研发支出指标，但是由于该项数据的披露从2009年才开始较为全面，故本章使用2009及其以后年数据计算战略差异度指标，并进行回归，本章结论依然成立。

(2) 缩小样本范围进行回归，基本结论保持不变。

6.5 总　结

本章以我国沪深A股上市公司为样本，从公司整体层面，研究分析企业战略的选择与股价崩盘风险的关系。本章的研究发现：(1) 公司战略差异与股价崩盘风险之间呈负相关关系，即公司战略偏离行业程度越大，股价暴跌的可能性越低；(2) 公司战略差异程度主要是通过真实活动盈余管理这个中介变量来降低股价的崩盘风险。

与以往文献相比，本章的贡献体现在：首先，区分了一般意义上的风险和股价崩盘风险，尤其从内在风险机理上进行了对比分析，强调了加剧崩盘风险的根本因素是负面消息的积累和集中释放；其次，丰富了未来股价暴跌概率的影响因素，将企业作为一个整体，脱离管理层个人特质的局限，强调整体战略选择与股价崩盘风险的关系；同时，分析了公司战略差异对股价崩盘风险产生影响的内在机理，最后，本章强调了信息不对称本身并不会对崩盘风险产生影响，关键还是取决于公司是否以及如何利用这种客观层面上信息不对称的“优势”对负面消息进行了隐藏，虽然公司战略差异较大的公司不易获得投资者的理解，增加了双方的信息不对称程度，但正是基于这种“优势”，使战略差异大的公司选择了对股价崩盘风险影响较小的会计盈余管理，而非更加隐蔽，却危害更大的实际活动盈余操纵，才相对来说降低了股价崩盘风险。本章的研究也具有重要的实践意义，一方面，为监管层面提出了新的关注重点，即企业的真实活动盈余管理，特别对处在行业竞争激烈，企业集中度较高，彼此战略差异不明显的行业、企业进行重点监控，这不仅仅要求证监会等国家层面高度关注，会计师事务所作为社会审计机构，也应发挥其作用，目前国际四大因为较高的审计标准和风险控制意识，已经可以显著降低企业的会计盈余管理，但是对于影响更深远真实盈余管理却还没有实行很有效的方法。同时，消除了投资者的误解，提醒投资者，企业较高的研发投入、较多的广告宣传等差异化战略选择并不代表着未来的股价崩盘风险加剧，不能以不理解为由先入为主地产生对公司错误的判断。

第7章 结束语

7.1 研究结论

契合外部环境特征和企业自身特点的战略定位，不仅有利于培养企业核心竞争力和持久的发展活力，促使企业获得竞争优势和行业领先地位，而且还能带来未来业绩和企业价值的提升。当企业的战略呈现出独特性时，利益相关者也将给予积极的反应。但不同的企业战略定位，也使企业具有了“异质性”特征。据此，本书以我国A股上市企业作为研究对象，探讨了企业战略定位的溢出效应问题，具体而言：

首先，从与企业有密切经营合作的供应商入手，通过考察在企业战略定位溢出效应下，供应商的决策行为，以期论证企业战略定位溢出效应下企业的经营稳定性问题。

其次，从事务所审计定价视角，全面探索企业战略定位溢出效应下企业外部审计师的审计定价决策行为，以进一步验证企业战略定位溢出效应可能对企业财务特征所存在的影响。

再次，基于本书前两部分研究的基础上，并结合相关文献，进一步从股票特质波动视角，考察企业战略定位溢出效应可能对公司自身股价及资本市场中的投资者所造成的影响。

最后，在前文研究基础上，从股票崩盘风险视角，考察企业战略定位溢出效应可能造成的极端风险问题。

本书主要得出以下结论：

第一，企业战略定位差异度越高，企业获得的商业信用水平越低，即企业战略定位差异度导致了负溢出效应。采用工具变量法、调整商业信用衡量方法及采用固定效应模型等方法检验后，结论依然稳健。通过影响机制检验发现，当企业的信息不对称的程度上升，盈余质量下降时，随着企业战略定位差异度的增加，不仅使外部供应商难以准确理解客户企业的战略意图和经营模式，而且也很难识别客户企业潜在的违约风险，供应商提供商业信用的意愿降低。但是对于融资约束水平较高的企业而言，企业战略定位差异度较高的企业依然较为依赖商业信用的融资支持。另外，供应商会基于客户企业不同风险承担水平下所体现的成长潜力，有选择性的去承担企业战略定位差异所造成的不确定性和风险，从而给予相应的商业信用水平。最后进一步研究发现，随着企业战略定位差异度的增大，企业提供的商业信用也显著降低，但是企业获取的商业信用净额却显著增加。

第二，企业战略定位激进度越高，事务所对目标企业的审计收费也越高，且通过工具变量法等控制内生性后，本书结论依然稳健。通过影响机制检验发现，在信息透明度较低、外部监督制约因素较弱以及企业内部控制质量较差的情况下，战略激进度对事务所审计收费的正向影响更为显著。进一步研究发现，相对于国有企业，非国有企业较高的战略激进度对事务所审计收费的影响更为明显；事务所收取较高的审计收费可以抑制由于战略激进度下导致的审计质量下降，维持财务报告的既定审计质量水平。

第三，企业战略对股价特质性波动具有显著正向影响，相对于防御型企业，进攻型企业的股价特质性波动更大。通过影响机制检验发现，企业战略通过投资者异质信念进而影响股价特质性波动，战略越激进，投资者异质信念越大，股价特质性波动越大；进一步研究发现，信息透明度越低，战略激进度对股价特质性波动的影响更强；外部监督和内部治理水平越高，战略激进度对股价特质性波动的正向影响显著减弱。通过外生事件的冲击及采用工具变量法排除内生性等问题后，本书的研究结论仍然稳健。

第四，公司战略定位的差异度的溢出效应显著增加了股价崩盘风险，并且公司战略定位差异程度主要是通过真实活动盈余管理这个中介变量来降低股价的崩盘风险。

7.2 研究启示

本书以中国上市企业的战略特征为数据来源，研究了企业战略定个位的溢出效应问题。通过本书研究，可以得出以下启示：

第一，新进入供应商应合理识别企业战略定位及其特征，并将企业战略信息作为提供商业信用决策的一个重要的考量因素。

第二，目标企业可以通过改善信息质量、提高信息透明度，尤其增加对战略信息的披露，降低企业战略定位溢出效应的负面冲击，以维持更加稳定的供应链合作关系。

第三，企业战略定位不仅会影响企业自身的经营行为、发展前景和风险水平，还会对外部审计师行为产生影响。另外，通过本书的研究，进一步从审计定价视角扩展了对企业战略定位溢出效应的认识，同时也契合和论证了《1211 号审计准则》的价值导向及其运用策略。另外，根据本书的研究结论，对于审计实务而言，注册会计师应该在审计过程中充分考虑企业战略定位，将其作为确定审计程序和实质性测试范围的重要参考依据，以更全面、恰当的把控企业的审计风险，并在此基础上合理确定审计定价，避免审计质量降低。

第四，本书从股价特质性波动视角，研究企业战略对资本市场的影响，丰富了企业战略的外在经济后果和股价特质性波动影响因素的文献，有助于为我国企业的战略转型、管理者的战略选择和战略管理、投资者的投资决策提供参考和借鉴。

第五，为监管层面提出了新的关注重点，即企业的真实活动盈余管理，特别对处在行业竞争激烈，企业集中度较高，彼此战略差异不明显的行业、企业进行重点监控。这不仅仅要求证监会等国家层面高度关注，会计师事务所作为社会审计机构，也应发挥其作用。

7.3 研究局限及展望

首先，我国经济处于关键战略转型期，供给侧改革、高质量发展等新发展理念逐渐被企业实践。同时，大量企业也在积极寻求新的发展机会，因此当前时代背景下，企业战略定位的溢出效应的研究结论可能具有局限性，即可能会受到时间和特定历史条件的限制。因此有待进一步推进企业战略定位溢出效应的研究。

其次，企业战略定位的度量方法有待进一步精确。企业战略在某种意义上也可以体现为一种经营理念、一种企业文化等特征，并不易用数据进行准确度量。本书虽然在采用财务指标的基础上，也采用了文本分析方法，但是依然不能非常准确的涵盖企业战略特征的全部内涵。然而，随着人工智能及大数据技术分析方法的发展，企业战略的度量方法可能会变得更加准确。

最后，企业战略定位并不是一层不变的，因此，未来在探索企业战略定位溢出效应时，可以从企业战略定位的动态变化视角作进一步探索。

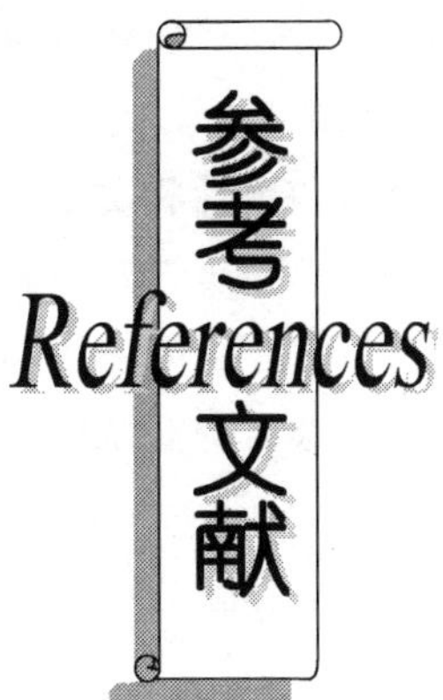

[1] 蔡春，谢柳芳．高管审计背景，盈余管理与异常审计收费［J］．会计研究，2015（3）：72－78．

[2] 蔡吉甫．公司治理，审计风险与审计费用关系研究［J］．审计研究，2007（3）：65－71．

[3] 陈峻，杨旭东，张志宏．环境不确定性，企业社会责任与审计收费［J］．审计研究，2016（4）：61－66．

[4] 陈收，肖咸星，杨艳，邹自然．CEO 权力、战略差异与企业绩效——基于环境动态性的调节效应［J］．财贸研究，2014（1）：7－16．

[5] 陈玥，江轩宇．会计信息可比性能够降低审计收费吗？——基于信息环境与代理问题的双重分析［J］．审计研究，2017（2）：89－97．

[6] 陈运森，王玉涛．审计质量，交易成本与商业信用模式［J］．审计研究，2010（6）：77－85．

[7] 崔也光，姜晓文，齐英. 现金流不确定性，研发投入与企业价值 [J]. 数理统计与管理，2019 (3)：495 -505.

[8] 戴捷敏，方红星. 控制风险，风险溢价与审计收费——来自深市上市公司 2007 年年报的经验证据 [J]. 审计与经济研究，2010 (3)：46 -53.

[9] 戴文涛，刘秀梅，陈红，等. 会计准则改革提高了审计收费吗? [J]. 会计研究，2017 (2)：29 -34.

[10] 方红星，陈作华. 高质量内部控制能有效应对特质风险和系统风险吗? [J]. 会计研究，2015 (4)：70 -77.

[11] 冯延超，梁莱歆. 上市公司法律风险，审计收费及非标准审计意见——来自中国上市公司的经验证据 [J]. 审计研究，2010 (3)：75 -81.

[12] 盖地，盛常艳. 内部控制缺陷及其修正对审计收费的影响——来自中国 A 股上市公司的数据 [J]. 审计与经济研究，2013 (3)：21 -27.

[13] 顾小龙，李天钰，辛宇. 现金股利，控制权结构与股价崩溃风险 [J]. 金融研究，2015 (7)：152 -169.

[14] 何威风，刘巍. 企业管理者能力与审计收费 [J]. 会计研究，2015 (1)：82 -89.

[15] 何熙琼，尹长萍. 企业战略差异度能否影响分析师盈余预测——基于中国证券市场的实证研究 [J]. 南开管理评论，2018 (2)：149 -159.

[16] 何玉润，徐云. 企业战略差异度会影响分析师盈利预测的准确性吗? [J]. 北京工商大学学报（社会科学版），2017 (2)：58 -66.

[17] 侯德帅，董曼茹，付彬. 公司战略差异、真实盈余管理与股价崩盘风险 [J]. 财会通讯，2018 (12)：3 -8.

［18］侯德帅，赵鹤临，董曼茹，姚秋歌. 企业战略定位差异与商业信用［J/OL］. 数理统计与管理，2020：1－24.

［19］胡海青，崔杰，张道宏. 中小企业商业信用融资区域差异研究［J］. 财经研究，2011（5）：68－78.

［20］花冯涛，徐飞. 环境不确定性如何影响公司特质风险——基于现金流波动和会计信息质量的中介效应检验［J］. 南开管理评论，2018（4）：122－133.

［21］黄波，王满. 分析师跟踪影响了商业信用融资吗——基于我国上市公司的实证分析［J］. 山西财经大学学报，2018（8）：42－55.

［22］江轩宇，许年行. 企业过度投资与股价崩盘风险［J］. 金融研究，2015（8）：141－158.

［23］江轩宇. 税收征管、税收激进与股价崩盘风险［J］. 南开管理评论，2013（5）：152－160.

［24］蒋红芸，李茜茜. 内部控制、股权集中度与股价崩盘风险［J］. 财会通讯，2017（18）：62－65.

［25］李庆华. 企业战略定位：一个理论分析构架［J］. 科研管理，2004（1）：7－13.

［26］李爽，吴溪. 监管信号、风险评价与审计定价：来自审计师变更的证据［J］. 审计研究，2004（1）：13－18.

［27］李四海，李娜娜. 盈余信息透明度与资本结构动态调整［J］. 数理统计与管理，2018（5）：927－939.

［28］李文贵，余明桂. 所有权性质、市场化进程与企业风险承担［J］. 中国工业经济，2012（12）：115－127.

［29］李香梅，袁玉娟，戴志敏. 控制权私有收益、公司治理与非效率投资研究［J］. 华东经济管理，2015（3）：139－143.

［30］李小荣，刘行. CEO Vs. CFO：性别与股价崩盘风险

[J]. 世界经济，2012 (12): 102 - 129.

[31] 刘凤委，李琳，薛云奎. 信任、交易成本与商业信用模式 [J]. 经济研究，2009 (8): 60 - 72.

[32] 刘行. 企业的战略类型会影响盈余特征吗——会计稳健性视角的考察 [J]. 南开管理评论，2016 (4): 111 - 121.

[33] 刘欢，邓路，廖明情. 公司的市场地位会影响商业信用规模吗? [J]. 系统工程理论与实践，2015 (12): 3119 - 3134.

[34] 刘会芹，施先旺. 企业战略差异对分析师行为的影响 [J]. 山西财经大学学报，2018 (1): 112 - 123.

[35] 刘继红，周仁俊. 中国上市商业银行监管风险与审计定价 [J]. 审计研究，2007 (5): 50 - 56.

[36] 刘仁伍，盛文军. 商业信用是否补充了银行信用体系 [J]. 世界经济，2011 (11): 103 - 120.

[37] 陆正飞，杨德明. 商业信用：替代性融资，还是买方市场? [J]. 管理世界，2011 (4): 6 - 14.

[38] 罗进辉，杜兴强. 媒体报道，制度环境与股价崩盘风险 [J]. 会计研究，2014 (9): 53 - 59.

[39] 马晨，张俊瑞，李彬. 财务重述对分析师预测行为的影响研究 [J]. 数理统计与管理，2013 (2): 221 - 231.

[40] 孟庆斌，黄清华. 卖空机制是否降低了股价高估? ——基于投资者异质信念的视角 [J]. 管理科学学报，2018 (4): 43 - 66.

[41] 孟庆斌，李昕宇，蔡欣园. 公司战略影响公司违规行为吗 [J]. 南开管理评论，2018 (3): 116 - 129.

[42] 苗丹. 环境不确定性、产品市场竞争与股价崩盘风险 [J]. 财会通讯，2017 (21): 85 - 90.

[43] 倪小雅，戴德明，张东旭. 股权激励与审计收费——

来自中国的经验证据［J］. 审计研究，2017（1）：69－77.

［44］潘克勤. 公司治理、审计风险与审计定价——基于CCGI～（NK）的经验证据［J］. 南开管理评论，2008（1）：106－112.

［45］齐鲁光，韩传模. 客户产权差异、审计收费和审计质量关系研究——基于风险导向审计理论［J］. 审计研究，2016（2）：66－73.

［46］钱爱民，朱大鹏，郁智. 上市公司被处罚会牵连未受罚审计师吗？［J］. 审计研究，2018（3）：63－70.

［47］钱爱民，朱大鹏. 财务重述影响供应商向企业提供商业信用吗——来自A股上市公司的经验证据［J］. 财经理论与实践，2017（4）：62－69.

［48］秦荣生. 审计风险探源：信息不对称［J］. 审计研究，2005（5）：6－10，5.

［49］权小锋，吴世农，尹洪英. 企业社会责任与股价崩盘风险："价值利器"或"自利工具"？［J］. 经济研究，2015（11）：49－64.

［50］权小锋，肖斌卿，吴世农. 投资者关系管理能够稳定市场吗？——基于A股上市公司投资者关系管理的综合调查［J］. 管理世界，2016（1）：139－152.

［51］冉明东，贺跃. 媒体关注、制度环境与审计收费［J］. 中南财经政法大学学报，2014（3）：123－130，160.

［52］饶品贵，姜国华. 货币政策对银行信贷与商业信用互动关系影响研究［J］. 经济研究，2013（1）：68－82.

［53］施先旺，李志刚，刘拯. 分析师预测与上市公司审计收费研究——基于信息不对称理论的视角［J］. 审计与经济研究，2015（3）：39－48.

[54] 石晓军，张顺明，李杰. 商业信用对信贷政策的抵消作用是反周期的吗？——来自中国的证据 [J]. 经济学季刊，2009 (1)：213-236.

[55] 宋衍蘅，殷德全. 会计师事务所变更、审计收费与审计质量——来自变更会计师事务所的上市公司的证据 [J]. 审计研究，2005 (2)：72-77.

[56] 孙健，王百强，曹丰，刘向强. 公司战略影响盈余管理吗？[J]. 管理世界，2016 (3)：160-169.

[57] 孙健，王百强，曹丰. 公司战略影响股价崩盘风险吗？[J]. 经济管理，2016 (12)：47-61.

[58] 孙浦阳，李飞跃，顾凌骏. 商业信用能否成为企业有效的融资渠道——基于投资视角的分析 [J]. 经济学（季刊），2014 (3)：1637-1652.

[59] 索有. 自愿性内部控制信息披露与权益资本成本关系研究 [J]. 社会科学辑刊，2014 (1)：115-121.

[60] 唐孝文，刘敦虎，肖进. 企业战略转型过程、要素及作用机制研究 [J]. 科技管理研究，2015 (10)：120-126.

[61] 陶洪亮，申宇. 股价暴跌、投资者认知与信息透明度 [J]. 投资研究，2011 (10)：66-77.

[62] 田昆儒，孙瑜. 非效率投资、审计监督与股价崩盘风险 [J]. 审计与经济研究，2015 (2)：43-51.

[63] 万东灿. 审计收费与股价崩盘风险 [J]. 审计研究，2015 (6)：85-93.

[64] 王百强，侯粲然，孙健. 公司战略对公司经营绩效的影响研究 [J]. 中国软科学，2018 (1)：127-137.

[65] 王百强，伍利娜. 审计师对采用差异化战略的客户区别对待了吗？[J]. 审计研究，2017 (5)：54-61.

［66］王兵，辛清泉. 分所审计是否影响审计质量和审计收费？［J］. 审计研究，2010（2）：70－76.

［67］王冲，谢雅璐. 会计稳健性、信息不透明与股价暴跌风险［J］. 管理科学，2013（1）：68－79.

［68］王春飞，陆正飞，伍利娜. 企业集团统一审计与权益资本成本［J］. 会计研究，2013（6）：75－82.

［69］王春飞，伍利娜，陆正飞. 企业集团统一审计与审计质量［J］. 会计研究，2010（11）：65－71.

［70］王化成，曹丰，叶康涛. 监督还是掏空：大股东持股比例与股价崩盘风险［J］. 管理世界，2015（2）：45－57.

［71］王化成，侯粲然，刘欢. 战略定位差异，业绩期望差距与企业违约风险［J］. 南开管理评论，2019（4）：4－19.

［72］王化成，张修平，高升好. 企业战略影响过度投资吗［J］. 南开管理评论，2016（4）：87－97.

［73］王化成，张修平，侯粲然，李昕宇. 企业战略差异与权益资本成本——基于经营风险和信息不对称的中介效应研究［J］. 中国软科学，2017（9）：99－113.

［74］王琴，张磊，马健. 网店与实体店的关系机理与模式选择——基于溢出效应的分析［J］. 中国工业经济，2015（7）：99－113.

［75］王雄元，王鹏，张金萍. 客户集中度与审计费用：客户风险抑或供应链整合［J］. 审计研究，2014（6）：72－82.

［76］王玉涛，段梦然. 企业战略影响管理层业绩预告行为吗？［J］. 管理评论，2019（2）：200－213.

［77］温忠麟，叶宝娟. 中介效应分析：方法和模型发展［J］. 心理科学进展，2014（5）：731－745.

［78］吴昊旻，杨兴全，魏卉. 产品市场竞争与公司股票特

质性风险——基于我国上市公司的经验证据［J］. 经济研究，2012（6）：101－115.

［79］吴育辉，黄飘飘，陈维，吴世农. 产品市场竞争优势、资本结构与商业信用支持——基于中国上市公司的实证研究［J］. 管理科学学报，2017（5）：51－65.

［80］吴战篪，李晓龙. 内部人抛售、信息环境与股价崩盘［J］. 会计研究，2015（6）：48－55.

［81］伍利娜，王春飞，陆正飞. 企业集团统一审计能降低审计收费吗［J］. 审计研究，2012（1）：69－77.

［82］伍利娜. 盈余管理对审计费用影响分析——来自中国上市公司首次审计费用披露的证据［J］. 会计研究，2003（12）：39－44.

［83］肖海林，董慈慈. 突破性技术创新研究：现状与展望——基于SSCI和CSSCI期刊的文献计量分析［J］. 经济管理，2020（2）：192－208.

［84］邢立全，陈汉文. 产品市场竞争、竞争地位与审计收费——基于代理成本与经营风险的双重考量［J］. 审计研究，2013（3）：50－58.

［85］徐小君. 公司特质风险与股票收益——中国股市投机行为研究［J］. 经济管理，2010（12）：127－136.

［86］徐欣，唐清泉. 财务分析师跟踪与企业R&D活动——来自中国证券市场的研究［J］. 金融研究，2010（12）：173－189.

［87］徐媛媛，洪剑峭，曹新伟. 我国上市公司特征与证券分析师实地调研［J］. 投资研究，2015（1）：121－136.

［88］许年行，江轩宇，伊志宏，徐信忠. 分析师利益冲突、乐观偏差与股价崩盘风险［J］. 经济研究，2012（7）：127－140.

［89］许年行，于上尧，伊志宏. 机构投资者羊群行为与股

价崩盘风险［J］. 管理世界，2013（7）：31－43.

［90］许致维，李少育，彭维瀚. 会计信息质量与企业的商业信用融资——基于未解释审计费用度量的实证研究［J］. 经济与管理研究，2017（8）：124－135.

［91］薛求知，伊晟. 环境战略、经营战略与企业绩效——基于战略匹配视角的分析［J］. 经济与管理研究，2014（10）：99－108.

［92］鄢志娟，王姗. 企业战略差异度会影响分析师盈余预测吗？［J］. 南京审计大学学报，2019（1）：9－18.

［93］闫志刚. 内部控制质量、企业风险与权益资本成本——理论分析与实证检验［J］. 经济经纬，2012（5）：107－111.

［94］杨丹，万丽梅，侯贝贝. 内部控制信息透明度与股权代理成本——基于A股主板制造业上市公司的经验证据［J］. 投资研究，2013（3）：98－113.

［95］杨林，陈传明. 多元化发展战略与企业绩效关系研究综述［J］. 外国经济与管理，2005（7）：34－43.

［96］叶康涛，曹丰，王化成. 内部控制信息披露能够降低股价崩盘风险吗？［J］. 金融研究，2015（2）：192－206.

［97］叶康涛，董雪雁，崔倚菁. 企业战略定位与会计盈余管理行为选择［J］. 会计研究，2015（10）：23－29.

［98］叶康涛，张姗姗，张艺馨. 企业战略差异与会计信息的价值相关性［J］. 会计研究，2014（5）：44－51.

［99］伊志宏，姜付秀，秦义虎. 产品市场竞争、公司治理与信息披露质量［J］. 管理世界，2010（1）：133－141.

［100］殷治平，张兆国. 管理者任期、内部控制与战略差异［J］. 中国软科学，2016（12）：132－143.

［101］应千伟，蒋天骄. 市场竞争力，国有股权与商业信用

融资 [J]. 山西财经大学学报, 2012 (9): 58 – 64.

[102] 于博, Gary Gang Tian. 产能治理与企业债务结构再平衡——基于商业信用与银行信贷关系视角 [J]. 财经研究, 2018 (2): 29 – 43.

[103] 余明桂, 潘红波. 金融发展, 商业信用与产品市场竞争 [J]. 管理世界, 2010 (8): 117 – 129.

[104] 余玉苗, 王宇生. 银行治理、股权结构与审计收费——基于A股上市公司的经验证据. 审计研究, 2011 (4): 79 – 86.

[105] 袁蓉丽, 李瑞敬, 夏圣洁. 战略差异度与企业避税 [J]. 会计研究, 2019 (4): 74 – 80.

[106] 翟淑萍, 白冠男, 白素文. 企业战略定位影响现金持有策略吗? [J]. 中央财经大学学报, 2019 (5): 62 – 73.

[107] 翟淑萍, 毕晓方, 王玥. 战略差异、CFO财务执行力与企业信用评级 [J]. 山西财经大学学报, 2018 (11): 95 – 109.

[108] 张会丽, 王开颜. 行业竞争影响企业商业信用提供吗? ——来自中国A股资本市场的经验证据 [J]. 中央财经大学学报, 2019 (2): 64 – 73.

[109] 张继勋, 陈颖, 吴璇. 风险因素对我国上市公司审计收费影响的分析——沪市2003年报的数据 [J]. 审计研究, 2005 (4): 34 – 38.

[110] 张杰, 刘元春, 翟福昕, 芦哲. 银行歧视、商业信用与企业发展 [J]. 世界经济, 2013 (9): 94 – 126.

[111] 张俊瑞, 刘慧, 杨蓓. 未决诉讼对审计收费和审计意见类型的影响研究 [J]. 审计研究, 2015 (1): 67 – 74.

[112] 张俊瑞, 余思佳, 程子健. 大股东股权质押会影响审计师决策吗? ——基于审计费用与审计意见的证据 [J]. 审计研

究，2017（3）：65－73.

［113］张敏，童丽静，许浩然．社会网络与企业风险承担——基于我国上市公司的经验证据［J］．管理世界，2015（11）：161－175.

［114］张奇峰，张鸣，戴佳君．中国审计定价实证研究述评［J］．会计研究，2006（6）：87－93.

［115］张蕊，王洋洋．公司战略影响审计契约吗——基于中国资本市场的经验证据［J］．审计研究，2019（2）：55－63.

［116］张天舒，黄俊．金融危机下审计收费风险溢价的研究［J］．会计研究，2013（5）：81－86.

［117］张铁铸．年报审计市场及会计师事务所收费行为研究［J］．审计与经济研究，2003（5）：25－29.

［118］张旺峰，张兆国，杨清香．内部控制与审计定价研究——基于中国上市公司的经验证据［J］．审计研究，2011（5）：65－72.

［119］张晓昱，朱慧明，廖萍．企业战略风险度量与财务绩效关系研究［J］．河南师范大学学报（哲学社会科学版），2014（2）：81－83.

［120］张新民，王珏，祝继高．市场地位，商业信用与企业经营性融资［J］．会计研究，2012（8）：58－65.

［121］张宜霞．财务报告内部控制审计收费的影响因素——基于中国内地在美上市公司的实证研究［J］．会计研究，2011（12）：70－77.

［122］赵凤，王铁男，张良．多元化战略对企业绩效影响的实证研究［J］．中国软科学，2012（11）：111－122.

［123］赵欢．企业战略、机构投资者与融资约束［J］．财会通讯，2017（15）：44－48.

[124] 郑军，林钟高，彭琳. 高质量的内部控制能增加商业信用融资吗？——基于货币政策变更视角的检验 [J]. 会计研究，2013 (6)：62-68.

[125] 郑沃林，郑荣宝，李爽，张春慧. 我国战略管理研究的回顾与进展 [J]. 科技管理研究，2017 (4)：226-234.

[126] 朱彬彬. 大宗交易、信息透明度与崩盘风险 [J]. 财会通讯，2017 (15)：76-81.

[127] 邹萍. 股价崩盘风险、信息透明度与资本结构偏离度——基于沪深 A 股数据的实证分析 [J]. 科学决策，2013 (6)：41-54.

[128] Abbott L J, Parker S, Peters G F, et al. The Association between Audit Committee Characteristics and Audit Fees [J]. Auditing: A Journal of Practice & Theory, 2003, 22 (2): 17-32.

[129] Aboody D, Lehavy R, Trueman B. Limited Attention and the Earnings Announcement Returns of Past Stock Market Winners [J]. Review of Accounting Studies, 2010, 15 (2): 317-344.

[130] Aboody D, Lev B. Information Asymmetry, R&D, and Insider Gains [J]. The Journal of Finance, 2000, 55 (6): 2747-2766.

[131] Aggarwal R, Zong S. Internal Cash Flows and Investment Decisions: Empirical Evidence from the G4 Countries [J]. International Finance Review, 2003 (4): 113-136.

[132] Allen F, Qian J, Qian M. Law, Finance, and Economic Growth in China [J]. Journal of Financial Economics, 2005, 77 (1): 57-116.

[133] Amiti M, Weinstein D E. Exports and Financial Shocks [J]. The Quarterly Journal of Economics, 2011, 126 (4): 1841-

1877.

[134] An H, Zhang T. Stock Price Synchronicity, Crash Risk, and Institutional Investors [J]. Journal of Corporate Finance, 2013 (21): 1 - 15.

[135] Ang A, Chen J, Xing Y. Downside Risk [J]. The Review of Financial Studies, 2006, 19 (4): 1191 - 1239.

[136] Ashbaugh H, LaFond R, Mayhew B W. Do Nonaudit Services Compromise Auditor Independence? Further Evidence [J]. The Accounting Review, 2003, 78 (3): 611 - 639.

[137] Ashbaugh - Skaife H, Collins D W, Kinney Jr W R, et al. TheEffect of SOX Internal Control Deficiencies on firm Risk and Cost of Equity [J]. Journal of Accounting research, 2009, 47 (1): 1 - 43.

[138] Atanassov J, Liu X. Can Corporate Income Tax Cuts Stimulate Innovation? [J]. Journal of Financial and Quantitative Analysis, 2019, 22 (2): 1 - 51.

[139] Badertscher B, Jorgensen B, Katz S, et al. Public Equity and Audit Pricing in the United States [J]. Journal of Accounting Research, 2014, 52 (2): 303 - 339.

[140] Barber B, Lehavy R, McNichols M, et al. Can Investors Profit from the Prophets? Security Analyst Recommendations and Stock Returns [J]. The Journal of Finance, 2001, 56 (2): 531 - 563.

[141] Barton S L, Gordon P J. Corporate Strategy and Capital Structure [J]. Strategic Management Journal, 1988, 9 (6): 623 - 632.

[142] Baumol W J, Litan R E, Schramm C J. Good Capital-

ism, Bad Capitalism, and the Economics of Growthand Prosperity [M]. Yale University Press, 2007.

[143] Beck M J, Mauldin E G. Who's Really in Charge? Audit Committee Versus CFO Power and Audit Fees [J]. The Accounting Review, 2014, 89 (6): 2057 -2085.

[144] Bentley K A, Omer T C, Sharp N Y. Business Strategy, Financial Reporting Irregularities, and Audit Effort [J]. Contemporary Accounting Research, 2013, 30 (2): 780 -817.

[145] Bentley - Goode K A, Omer T C, Twedt B J. Does Business Strategy Impact a Firm's Information Environment? [J]. Journal of Accounting, Auditing & Finance, 2019, 34 (4): 563 - 587.

[146] Berglund N, Kang T. Does Social Trust Matter in Financial Reporting?: Evidence from Audit Pricing [J]. Journal of Accounting Research, 2013 (12): 119 -121.

[147] Bergman N K, Roychowdhury S. Investor Sentiment and Corporate Disclosure [J]. Journal of Accounting Research, 2008, 46 (5): 1057 -1083.

[148] Bhattacharya N, Ecker F, Olsson P M, et al. Direct and Mediated Associations among Earnings Quality, Information Asymmetry, and the Cost of Equity [J]. The Accounting Review, 2012, 87 (2): 449 -482.

[149] Bhattacharya S, Ritter J R. Innovation and Communication: Signalling with Partial Disclosure [J]. The Review of Economic Studies, 1983, 50 (2): 331 -346.

[150] Biais B, Gollier C. Trade Credit and Credit Rationing [J]. The Review of Financial Studies, 1997, 10 (4): 903 -937.

[151] Bleck A, Liu X. Market Transparency and the Accounting Regime [J]. Journal of Accounting Research, 2007, 45 (2): 229 -256.

[152] Brennan M J, Maksimovics V, Zechner J. Vendor Financing [J]. The Journal of Finance, 1988, 43 (5): 1127 -1141.

[153] Bryan D B, Mason T W. Extreme CEO Pay Cuts and Audit Fees [J]. Advances in Accounting, 2016 (33): 1 -10.

[154] Burkart M, Ellingsen T. In - kind Finance: A Theory of Trade Credit [J]. American Economic Review, 2004, 94 (3): 569 -590.

[155] Buzzell R D, Gale B T, Gale B T. The PIMS Principles: Linking Strategy to Performance [M]. Simon and Schuster, 1987.

[156] Cairney T D, Stewart E G. Audit Feesand Client Industry Homogeneity [J]. Auditing: A Journal of Practice & Theory, 2015, 34 (4): 33 -57.

[157] Carcello J V, Hermanson D R, Neal T L, et al. Board Characteristics and Audit Fees [J]. Contemporary Accounting Research, 2002, 19 (3): 365 -384.

[158] Carpenter M A. The Price of Change: The Role of CEO Compensation in Strategic Variation and Deviation from Industry Strategy Norms [J]. Journal of Management, 2000, 26 (6): 1179 -1198.

[159] Carvalho, D. How do Financing Constraints Affect Firms' Equity Volatility? [J]. The Journal of Finance, 2018, 73 (3): 1139 -1182.

[160] Casterella J R, Francis J R, Lewis B L, et al. Auditor Industry Specialization, Client Bargaining Power, and Audit Pricing

[J]. Auditing: A Journal of Practice & Theory, 2004, 23 (1): 123 - 140.

[161] Chan K, Menkveld A J, Yang Z. Information Asymmetry and Asset Prices: Evidence from the China Foreign Share Discount [J]. The Journal of Finance, 2008, 63 (1): 159 - 196.

[162] Chandler A D. Strategy and Structure: Chapters in the History of the American Industrial Enterprise [M]. Cambridge, MA: MIT Press, 1973.

[163] Chang E C, Cheng J W, Yu Y. Short - sales Constraints and Price Discovery: Evidence from the Hong Kong Market [J]. The Journal of Finance, 2007, 62 (5): 2097 - 2121.

[164] Charles S L, Glover S M, Sharp N Y. The Association Between Financial Reporting Risk and Audit Fees before and after the Historic Events Surrounding SOX [J]. Auditing: A Journal of Practice & Theory, 2010, 29 (1): 15 - 39.

[165] Chau G K, Gray S J. Ownership Structure and Corporate Voluntary Disclosure in Hong Kong and Singapore [J]. The International Journal of Accounting, 2002, 37 (2): 247 - 265.

[166] Chen C, Huang A G, Jha R. Idiosyncratic Return Volatility and the Information Quality Underlying Managerial Discretion [J]. Journal of Financial and Quantitative Analysis, 2012, 47 (4): 873 - 899.

[167] Chen H, Chen J Z, Lobo G J, et al. Association between Borrower and Lender State Ownership and Accounting Conservatism [J]. Journal of Accounting Research, 2010, 48 (5): 973 - 1014.

[168] Chen J, Hong H, Stein J C. Forecasting Crashes:

Trading Volume, Past Returns, and Conditional Skewness in Stock Prices [J]. Journal of financial Economics, 2001, 61 (3): 345 - 381.

[169] Chen Y, Gul F A, Veeraraghavan M, et al. Executive Equity Risk - Taking Incentives and Audit Pricing [J]. The Accounting Review, 2015, 90 (6): 2205 - 2234.

[170] Cheng J L, Kesner I F. Organizational Slack and Response to Environmental Shifts: The Impact of Resource Allocation Patterns [J]. Journal of Management, 1997, 23 (1): 1 - 18.

[171] Choi H M, Gupta - Mukherjee S. Analysts' Use of Industry - level and Firm - Specific Information: Implications for Information Production [J]. Available at SSRN, 2017.

[172] Choi J H, Kim J B, Liu X, et al. AuditPricing, Legal Liability Regimes, and Big 4 Premiums: Theory and Cross - Country Evidence [J]. Contemporary Accounting Research, 2008, 25 (1): 55 - 99.

[173] Chung H S H, Hillegeist S A, Wynn J P. Directors' and Officers, Legal Liability Insurance and Audit Pricing [J]. Journal of Accounting and Public Policy, 2015, 34 (6): 551 - 577.

[174] Cohen D A, Dey A, Lys T Z. Real and Accrual - Based Earnings Management in the pre - and post - Sarbanes - Oxley periods [J]. The Accounting Review, 2008, 83 (3): 757 - 787.

[175] Cohen L, Diether K, Malloy C. Misvaluing Innovation [J]. The Review of Financial Studies, 2013, 26 (3): 635 - 666.

[176] Cohen L, Lou D. Complicated Firms [J]. Journal of Financial Economics, 2012, 104 (2): 383 - 400.

[177] Craswell A T, Francis J R, Taylor S L. Auditor Brand

Name Reputations and Industry Specializations [J]. Journal of Accounting and Economics, 1995, 20 (3): 297 -322.

[178] Cuellar A E, Gertler P J. Strategic Integration of Hospitals and Physicians [J]. Journal of Health Economics, 2006, 25 (1): 1 -28.

[179] Cunat V. Trade credit: suppliers as Debt Collectors and Insurance Providers [J]. The Review of Financial Studies, 2007, 20 (2): 491 -527.

[180] Danielsen B R, Van Ness R A, Warr R S. Auditor Fees, Market Microstructure, and Firm Transparency [J]. Journal of Business Finance & Accounting, 2007, 34 (1 -2): 202 -221.

[181] Dasgupta S, Gan J, Gao N. Transparency, Price Informativeness, and Stock Return Synchronicity: Theory and Evidence [J]. Journal of Financial and Quantitative Analysis, 2010, 45 (5): 1189 -1220.

[182] De Long J B, Shleifer A, Summers L H, et al. The Size and Incidence of the Losses from Noise Trading [J]. The Journal of Finance, 1989, 44 (3): 681 -696.

[183] Dechow P M, Sloan R G, Sweeney A P. Detecting Earnings Management [J]. Accounting review, 1995: 193 -225.

[184] Deephouse D L. To be different, or to be the same? It's a Question (and Theory) of Strategic Balance [J]. Strategic Management Journal, 1999, 20 (2): 147 -166.

[185] DeFond M L, Francis J R, Wong T J. Auditor Industry Specialization and Market Segmentation: Evidence from Hong Kong [J]. Auditing: A Journal of Practice & Theory, 2000, 19 (1): 49 -66.

[186] Diamond D W, Verrecchia R E. Constraints on Short - Selling and Asset Price Adjustment to Private Information [J]. Journal of Financial Economics, 1987, 18 (2): 277 - 311.

[187] Diamond D W, Verrecchia R E. Disclosure, Liquidity, and the Cost of Capital [J]. The Journal of Finance, 1991, 46 (4): 1325 - 1359.

[188] DiMaggio P J, Powell W W. The Iron Cage Revisited Institutional Isomorphism and Collective Rationality in Organizational Fields [J]. Economics Meets Sociology in Strategic Management, 2000 (17): 143 - 166.

[189] Ding Y, Zhang H, Zhang J. Private vs State Ownership and Earnings Management: Evidence from Chinese Listed Companies [J]. Corporate Governance: An International Review, 2007, 15 (2): 223 - 238.

[190] Dow J, Gorton G. Stock Market Efficiency and Economic Efficiency: Is There a Connection? [J]. The Journal of Finance, 1997, 52 (3): 1087 - 1129.

[191] Doyle J T, Ge W, McVay S. Accruals Quality and Internal Control over Financial Reporting [J]. The Accounting Review, 2007, 82 (5): 1141 - 1170.

[192] Duellman S, Hurwitz H, Sun Y. Managerial Overconfidence and Audit Fees [J]. Journal of Contemporary Accounting & Economics, 2015, 11 (2): 148 - 165.

[193] Durnev A, Morck R, Yeung B, et al. Does Greater Firm - Specific Return Variation Mean More or Less Informed Stock Pricing? [J]. Journal of Accounting Research, 2003, 41 (5): 797 - 836.

[194] Dye R A. Auditing Standards, Legal Liability, and Auditor Wealth [J]. Journal of Political Economy, 1993, 101 (5): 887 - 914.

[195] Dyreng S D, Mayew W J, Williams C D. ReligiousSocial Norms and Corporate Financial Reporting [J]. Journal of Business Finance & Accounting, 2012, 39 (7 - 8): 845 - 875.

[196] Easton P D, Zmijewski M E. Cross - sectional Variation in the Stock Market Response to Accounting Earnings Announcements [J]. Journal of Accounting and Economics, 1989, 11 (2 - 3): 117 - 141.

[197] Eshleman J D, Guo P. Abnormal Audit Fees and Audit Quality: The Importance of Considering Managerial Incentives in Tests of Earnings Management [J]. Auditing: A Journal of Practice & Theory, 2014, 33 (1): 117 - 138.

[198] Ewert R, Wagenhofer A. Economic Effects of Tightening Accounting Standards to Restrict Earnings Management [J]. The Accounting Review, 2005, 80 (4): 1101 - 1124.

[199] Fabbri D, Klapper L. Market Power and the Matching of Trade Credit Terms [M]. The World Bank, 2008.

[200] Faccio M, Marchica M T, Mura R. Large Shareholder Diversification and Corporate Risk - Taking [J]. The Review of Financial Studies, 2011, 24 (11): 3601 - 3641.

[201] Faccio M. Politically Connected Firms [J]. American Economic Review, 2006, 96 (1): 369 - 386.

[202] Fama, E. F, Miller M H. The Theory of Finance [M]. New York: Holt, Rinehart and Winston, 1972.

[203] Fan J P H, Wong T J. Corporate Ownership Structure

and the Informativeness of Accounting Earnings in East Asia [J]. Journal of Accounting and Economics, 2002, 33 (3): 401 -425.

[204] Ferreira M A, Laux P A. Corporate Governance, Idiosyncratic Risk, and Information Flow [J]. The Journal of Finance, 2007, 62 (2): 951 -989.

[205] Finkelstein S, Hambrick D C. Top - management - team Tenure and Organizational Outcomes: The Moderating Role of Managerial Discretion [J]. Administrative science quarterly, 1990: 484 -503.

[206] Firth M. An Analysis of Audit Fees and Their Determinants in New - Zealand [J]. Auditing - A Journal of Practice & Theory, 1985, 4 (2): 23 -37.

[207] Fisman R, Love I. Trade Credit, Financial Intermediary Development, and Industry Growth [J]. The Journal of Finance, 2003, 58 (1): 353 -374.

[208] Fitzgerald, T., B. Balsmeier, L. Fleming, and G. Manso. Innovation Search Strategy and Predictable Returns [J]. Management Science, 2019, forthcoming.

[209] Forker J J. Corporate Governance and Disclosure Quality [J]. Accounting and Business research, 1992, 22 (86): 111 -124.

[210] Francis J R. The Effect of Audit Firm Size on Audit Prices: A Study of the Australian Market [J]. Journal of Accounting and Economics, 1984, 6 (2): 133 -151.

[211] Francis J, Philbrick D. Analysts' Decisions as Products of a Multi - Task Environment [J]. Journal of Accounting Research, 1993, 31 (2): 216 -230.

[212] Francis J, Venkatachalam M, Zhang Y. Do short Sell-

ers Convey Information about Changes in Fundamentals or Risk? [J]. Available at SSRN, 2005.

[213] Gallmeyer M, Hollifield B. An Examination of Heterogeneous Beliefs with a Short – Sale Constraint in a Dynamic Economy [J]. Review of Finance, 2008, 12 (2): 323 – 364.

[214] Ge Y, Qiu J. Financial Development, Bank Discrimination and Trade Credit [J]. Journal of Banking & Finance, 2007, 31 (2): 513 – 530.

[215] Geletkanycz M A, Hambrick D C. The External Ties of Top Executives: Implications for Strategic Choice and Performance [J]. Administrative Science Quarterly, 1997: 654 – 681.

[216] Ghosh, D, Olsen L. Environmental Uncertainty and Managers' Use of Discretionary Accruals [J]. Accounting, Organizations and Society, 2009, 34 (2): 188 – 205.

[217] Giannetti M, Burkart M, Ellingsen T. What You Sell Is What You Lend? Explaining Trade Credit Contracts [J]. The Review of Financial Studies, 2011, 24 (4): 1261 – 1298.

[218] Grullon G, Michenaud S, Weston J P. The Real Effects of Short – Selling Constraints [J]. The Review of Financial Studies, 2015, 28 (6): 1737 – 1767.

[219] Gul F A, Chen C J P, Tsui J S L. Discretionary Accounting Accruals, Managers' Incentives, and Audit Fees [J]. Contemporary accounting research, 2003, 20 (3): 441 – 464.

[220] Gul F A, Khedmati M, Lim E K Y, et al. Managerial Ability, Financial Distress, and Audit Fees [J]. Accounting Horizons, 2018, 32 (1): 29 – 51.

[221] Gul F A, Kim J B, Qiu A A. Ownership Concentra-

tion, Foreign Shareholding, Audit Quality, and Stock Price Synchronicity: Evidence from China [J]. Journal of Financial Economics, 2010, 95 (3): 425 -442.

[222] Gunther A C. Biased Press or Biased Public? Attitudes Toward Media Coverage of Social Groups [J]. Public Opinion Quarterly, 1992, 56 (2): 147 -167.

[223] Habib A, Hasan M M. Business Strategies and Annual Report Readability [J]. Accounting & Finance, 2018, 32 (7): 1 - 35.

[224] Habib A, Hasan M M. Business Strategy, Overvalued Equities, and Stock Price Crash Risk [J]. Research in International Business and Finance, 2017, 39: 389 -405.

[225] Hambrick D C. Some Tests of the Effectiveness and Functional Attributes of Miles and Snow's Strategic Types [J]. Academy of Management Journal, 1983, 26 (1): 5 -26.

[226] Hassan T A, Mertens T M. The Social Cost of Near - Rational Investment [J]. American Economic Review, 2017, 107 (4): 1059 -1103.

[227] He J J, Tian X. The Dark Side of Analyst Coverage: The Case of Innovation [J]. Journal of Financial Economics, 2013, 109 (3): 856 -878.

[228] Healy P M, Palepu K G. Information Asymmetry, Corporate Disclosure, and the Capital Markets: A Review of the Empirical Disclosure Literature [J]. Journal of Accounting and Economics, 2001, 31 (1 -3): 405 -440.

[229] Hermalin B E, Weisbach M S. Information Disclosure and Corporate Governance [J]. The journal of finance, 2012, 67

(1): 195 -233.

[230] Higgins D, Omer T C, Phillips J D. The Influence of a Firm's Business Strategy on Its Tax Aggressiveness [J]. Contemporary Accounting Research, 2015, 32 (2): 674 -702.

[231] Hilary G, Hui K W. Does Religion Matter in Corporate Decision Making in America? [J]. Journal of Financial Economics, 2009, 93 (3): 455 -473.

[232] Hill C W L, Snell S A. External Control, Corporate Strategy, and Firm Performance in Research - Intensive Industries [J]. Strategic Management Journal, 1988, 9 (6): 577 -590.

[233] Hiller N J, Hambrick D C. ConceptualizingExecutive Hubris: The Role of (hyper -) Core Self - Evaluations in Strategic Decision - Making [J]. Strategic Management Journal, 2005, 26 (4): 297 -319.

[234] Hirshleifer D, Hsu P H, Li D. Innovative Originality, Profitability, and Stock Returns [J]. The Review of Financial Studies, 2018, 31 (7): 2553 -2605.

[235] Hirshleifer D, Teoh S H. Limited Attention, Information Disclosure, and Financial Reporting [J]. Journal of Accounting and Economics, 2003, 36 (1 -3): 337 -386.

[236] Hirshleifer D. Investor Psychology and Asset Pricing [J]. The Journal of Finance, 2001, 56 (4): 1533 -1597.

[237] Hitt M A, Ireland R D, Sirmon D G, et al. Strategic Entrepreneurship: Creating Value For Individuals, Organizations, and Society [J]. Academy of Management Perspectives, 2011, 25 (2): 57 -75.

[238] Hogan C E, Wilkins M S. Evidence on the Audit Risk

Model: Do Auditors Increase Audit Fees in the Presence of Internal Control Deficiencies? [J]. Contemporary Accounting Research, 2008, 25 (1): 219 -242.

[239] Hoitash R, Hoitash U, Bedard J C. Internal Control Quality and Audit Pricing under the Sarbanes - Oxley Act [J]. Auditing: A Journal of Practice & Theory, 2008, 27 (1): 105 -126.

[240] Hoitash R, Markelevich A, Barragato C A. Auditor Fees and Audit Quality [J]. Managerial Auditing Journal, 2007 (8): 761 -786.

[241] Hong H, Kubik J D, Stein J C. ThyNeighbor's Portfolio: Word - of - Mouth Effects in the Holdings and Trades of Money Managers [J]. The Journal of Finance, 2005, 60 (6): 2801 -2824.

[242] Hong H, Stein J C. Differences of Opinion, Short - Sales Constraints, and Market Crashes [J]. The Review of Financial Studies, 2003, 16 (2): 487 -525.

[243] Hong H, Stein J C. Disagreement and the Stock Market [J]. Journal of Economic Perspectives, 2007, 21 (2): 109 -128.

[244] Huang H W, Parker R J, Yan Y C A, et al. CEO Turnover and Audit Pricing [J]. Accounting Horizons, 2014, 28 (2): 297 -312.

[245] Hui K W, Klasa S, Yeung P E. Corporate Suppliers and Customers and Accounting Conservatism [J]. Journal of Accounting and Economics, 2012, 53 (1 -2): 115 -135.

[246] Hutton A P, Marcus A J, Tehranian H. Opaque Financial Reports, R2, and Crash Risk [J]. Journal of Financial Economics, 2009, 94 (1): 67 -86.

[247] Ittner C D, Larcker D F. Quality Strategy, Strategic

Control Systems, and Organizational Performance [J]. Accounting, Organizations and Society, 1997, 22 (3-4): 293-314.

[248] Jaggi B, Xin H C. Impact of Religiosity on Auditors' Behavior and Audit Fees [J]. Journal of Accounting, Ethics and Public Policy, 2017, 18 (3).

[249] Jia N. Tournament Incentives and Audit Fees [J]. Journal of Accounting and Public Policy, 2017, 36 (5): 358-378.

[250] Jia N. Corporate Innovation Strategy and Stock Price Crash Risk [J]. Journal of Corporate Finance, 2018, 53 (2): 155-173.

[251] Jin L, Myers S C. R2 around the world: New Theory and New Tests [J]. Journal of financial Economics, 2006, 79 (2): 257-292.

[252] John K, Litov L, Yeung B. Corporate Governance and Risk-Taking [J]. The journal of finance, 2008, 63 (4): 1679-1728.

[253] Keating A S, Zimmerman J L. Depreciation-Policy Changes: Tax, Earnings Management, and Investment Opportunity Incentives [J]. Journal of Accounting and Economics, 1999, 28 (3): 359-389.

[254] Kempf E, Manconi A, Spalt O. Distracted Shareholders and Corporate Actions [J]. The Review of Financial Studies, 2017, 30 (5): 1660-1695.

[255] Kim C, Wang K, Zhang L. Readability of 10-K Reports and Stock Price Crash Risk [J]. Contemporary accounting research, 2019, 36 (2): 1184-1216.

[256] Kim C, Zhang L. Corporate Political Connections and

Tax Aggressiveness [J]. Contemporary Accounting Research, 2016, 33 (1): 78 - 114.

[257] Kim J B, Li Y, Zhang L. Corporate Tax Avoidance and Stock Price Crash Risk: Firm - Level Analysis [J]. Journal of Financial Economics, 2011, 100 (3): 639 - 662.

[258] Kim J B, Sun S T, Zhang Z. Technology Spillovers, Information Externality, and Stock Price Crash Risk [J]. Information Externality, and Stock Price Crash Risk (November 1, 2017), 2017.

[259] Kim Y, Li H, Li S. Corporate Social Responsibility and Stock Price Crash Risk [J]. Journal of Banking & Finance, 2014 (43): 1 - 13.

[260] Kim Y, Lobo G J, Song M. Analyst Characteristics, Timing of Forecast Revisions, and Analyst Forecasting Ability [J]. Journal of Banking & Finance, 2011, 35 (8): 2158 - 2168.

[261] Kim Y, Li H, Li S, et al. CEO Equity Incentives and Audit Fees [J]. Contemporary Accounting Research, 2014, 32 (2): 608 - 638.

[262] Kinney J W R, Libby R. Discussion of the Relation Between Auditors' Fees For Nonaudit Services and Earnings Management [J]. The Accounting Review, 2002, 77 (s - 1): 107 - 114.

[263] Klapper L, Laeven L, Rajan R. Trade Credit Contracts [J]. The Review of Financial Studies, 2012, 25 (3): 838 - 867.

[264] Koh K, Tong Y H, Zhu Z. The Effects of Financial Statement Disaggregation on Audit Pricing [J]. Available at SSRN, 2016.

[265] Lawson B P, Wang D. The Earnings Quality Information

Content of Dividend Policies and Audit Pricing [J]. Contemporary Accounting Research, 2016, 33 (4): 1685 - 1719.

[266] Lee J E. Internal Control Deficiencies and Audit Pricing: Evidence from Initial Public Offerings [J]. Accounting & Finance, 2018, 58 (4): 1201 - 1229.

[267] Lee C M, Sun S T, Wang R, et al. Technological Links and Predictable Returns [J]. Journal of Financial Economics, 2019, 132 (3): 76 - 96.

[268] Leventis S, Dedoulis E, Abdelsalam O. The Impact of Religiosity On Audit Pricing [J]. Journal of Business Ethics, 2018, 148 (1): 53 - 78.

[269] Leventis S, Hasan I, Dedoulis E. The Cost of Sin: The Effect of Social Norms On Audit Pricing [J]. International Review of Financial Analysis, 2013 (29): 152 - 165.

[270] Levy H. Equilibrium in an Imperfect Market: A Constraint on the Number of Securities in the Portfolio [J]. The American Economic Review, 1978, 68 (4): 643 - 658.

[271] Li B, Rajgopal S, Venkatachalam M. R2 and Idiosyncratic Risk Are Not Interchangeable [J]. The Accounting Review, 2014, 89 (6): 2261 - 2295.

[272] Li K, Morck R, Yang F, et al. Firm - Specific Variation and Openness in Emerging Markets [J]. Review of Economics and Statistics, 2004, 86 (3): 658 - 669.

[273] Lim E K Y, Chalmers K, Hanlon D. The Influence of Business Strategy On Annual Report Readability [J]. Journal of Accounting and Public Policy, 2018, 37 (1): 65 - 81.

[274] Lim Y, Jung K. Conflict of Interest or Information Sha-

ring? Evidence from Affiliated Analyst Performance in Korea [J]. Contemporary Accounting Research, 2012, 29 (2): 505 - 537.

[275] Litov L P, Moreton P, Zenger T R. Corporate Strategy, Analyst Coverage, and The Uniqueness Paradox [J]. Management Science, 2012, 58 (10): 1797 - 1815.

[276] Liu L, Subramaniam N. Government Ownership, Audit Firm Size and Audit Pricing: Evidence from China [J]. Journal of Accounting and Public Policy, 2013, 32 (2): 161 - 175.

[277] Liu W, Atuahene - Gima K. Enhancing Product Innovation Performance in a Dysfunctional Competitive Environment: The Roles of Competitive Strategies and Market - Based Assets [J]. Industrial Marketing Management, 2018 (73): 7 - 20.

[278] Maksimovic V. Firms as Financial Intermediaries: Evidence from Trade Credit Data [M]. The World Bank, 2001.

[279] March J. Exploration and Exploitation in Organizing Leanings [J]. Organization Science, 1991, 2 (1): 71 - 78.

[280] McGuire S T, Omer T C, Sharp N Y. The Impact of Religion on Financial Reporting Irregularities [J]. The Accounting Review, 2012, 87 (2): 645 - 673.

[281] McMillan J, Woodruff C. Interfirm Relationships and Informal Credit in Vietnam [J]. The Quarterly Journal of Economics, 1999, 114 (4): 1285 - 1320.

[282] Merton R C. A simple Model of Capital Market Equilibrium with Incomplete Information [J]. The journal of finance, 1987, 42 (3): 483 - 510.

[283] Meyer J W, Rowan B. Institutionalized Organizations: Formal Structure as Myth and Ceremony [J]. American Journal of

Sociology, 1977, 83 (2): 340 -363.

[284] Miles R E, Snow C C, Meyer A D, et al. Organizational Strategy, Structure, and Process [J]. Academy of Management Review, 1978, 3 (3): 546 -562.

[285] Miller E M. Risk, Uncertainty, and Divergence of Opinion [J]. The Journal of Finance, 1977, 32 (4): 1151 -1168.

[286] Montgomery C A, Singh H. Diversification Strategy and Systematic Risk [J]. Strategic Management Journal, 1984, 5 (2): 181 -191.

[287] Morck R, Yeung B, Yu W. The Information Content of Stock Markets: Why Do Emerging Markets Have Synchronous Stock Price Movements? [J]. Journal of Financial Economics, 2000, 58 (1 -2): 215 -260.

[288] Myers J N, Myers L A, Omer T C. Exploring the Term of The Auditor - Client Relationship and The Quality of Earnings: A Case For Mandatory Auditor Rotation? [J]. The Accounting Review, 2003, 78 (3): 779 -799.

[289] Myers Stewart C, Majluf N S. Corporate Financing and Investment Decisions When Firms Have Information that Investors do not Have [J]. Journal of Financial Economics, 1984, 13 (2): 187 -221.

[290] Navissi F, Sridharan V, Khedmati M, et al. Business Strategy, Over - (Under -) Investment, and Managerial Compensation [J]. Journal of Management Accounting Research, 2017, 29 (2): 63 -86.

[291] O'sullivan N. The Impact of Board Composition and Ownership On Audit Quality: Evidence from Large UK Companies

[J]. The British Accounting Review, 2000, 32 (4): 397 -414.

[292] Pagano M, Röell A. The Choice of Stock Ownership Structure: Agency Costs, Monitoring, and The Decision to go Public [J]. The Quarterly Journal of Economics, 1998, 113 (1): 187 -225.

[293] Peress J. Product Market Competition, Insider Trading, and Stock Market Efficiency [J]. The Journal of Finance, 2010, 65 (1): 1 -43.

[294] Petersen M A, Rajan R G. Trade Credit: Theories and Evidence [J]. The Review of Financial Studies, 1997, 10 (3): 661 -691.

[295] Piotroski J D, Roulstone D T. The Influence of Analysts, Institutional Investors, and Insiders On The Incorporation of Market, Industry, and Firm - Specific Information Into Stock Prices [J]. The Accounting Review, 2004, 79 (4): 1119 -1151.

[296] Pong C M, Whittington G. The Determinants of Audit Fees: Some Empirical Models [J]. Journal of Business Finance & Accounting, 1994, 21 (8): 1071 -1095.

[297] Porter M E. Towards a Dynamic Theory of Strategy [J]. Strategic Management Journal, 1991, 12 (S2): 95 -117.

[298] Porter M E. Competitive Strategy: Techniques for Analyzing Industries and Competitors [M]. New York: The Free Press, 1980.

[299] Pratt J, Stice J D. The Effects of Client Characteristics on Auditor Litigation Risk Judgments, Required Audit Evidence, and Recommended Audit Fees [J]. Accounting Review, 1994: 639 -656.

[300] Preve L A, Love I, Sarria – Allende V. Trade Credit and Bank Credit: Evidence from Recent Financial Crises [M]. The World Bank, 2005.

[301] Rajan R G, Zingales L. What do We Know About Capital Structure? Some Evidence from International Data [J]. The Journal of Finance, 1995, 50 (5): 1421 – 1460.

[302] Rajgopal S, Venkatachalam M. Financial Reporting Quality and Idiosyncratic Return Volatility [J]. Journal of Accounting and Economics, 2011, 51 (1 – 2): 1 – 20.

[303] Roll R. R – Squared [J]. Journal of Finance, 1988, 43 (2): 541 – 566.

[304] Roychowdhury S. Earnings Management through Real Activities Manipulation [J]. Journal of Accounting and Economics, 2006, 42 (3): 335 – 370.

[305] Scheinkman J A, Xiong W. Overconfidence and Speculative Bubbles [J]. Journal of Political Economy, 2003, 111 (6): 1183 – 1220.

[306] Seetharaman A, Gul F A, Lynn S G. Litigation Risk and Audit Fees: Evidence from UK firms Cross – Listed on US Markets [J]. Journal of Accounting and Economics, 2002, 33 (1): 91 – 115.

[307] Simunic D A. The Pricing of Audit Services: Theory and Evidence [J]. Journal of Accounting Research, 1980: 161 – 190.

[308] So E C. A New Approach to Predicting Analyst Forecast Errors: Do Investors Overweight Analyst Forecasts? [J]. Journal of Financial Economics, 2013, 108 (3): 615 – 640.

[309] Song L. Accounting Disclosure, Stock Price Synchronic-

ity and Stock Crash Risk [J]. International Journal of Accounting & Information Management, 2015.

[310] Stein J C. Takeover Threats and Managerial Myopia [J]. Journal of Political Economy, 1988, 96 (1): 61 – 80.

[311] Tan S T, Lee C T, Hashim H, et al. Optimal Process Network for Municipal Solid Waste Management in Iskandar Malaysia [J]. Journal of Cleaner Production, 2014 (71): 48 – 58.

[312] Tang J, Crossan M, Rowe W G. Dominant CEO, Deviant Strategy, and Extreme Performance: The Moderating Role of a Powerful Board [J]. Journal of Management Studies, 2011, 48 (7): 1479 – 1503.

[313] Teoh S H, Wong T J. Why New Issues and High – Accrual Firms Underperform: The Role of Analysts' Credulity [J]. The Review of Financial Studies, 2002, 15 (3): 869 – 900.

[314] Tetlock P C. Information Transmission in Finance [J]. Annual Review of Financial Economics, 2014, 6 (1): 365 – 384.

[315] Visvanathan G. Intangible Assets on the Balance Sheet and Audit Fees [J]. International Journal of Disclosure and Governance, 2017, 14 (3): 241 – 250.

[316] Vitell S J. The role of Religiosity in Business and Consumer Ethics: A Review of The Literature [J]. Journal of Business Ethics, 2009, 90 (2): 155 – 167.

[317] Wang Y, Chui A C W. Product Market Competition and Audit Fees [J]. Auditing: A Journal of Practice & Theory, 2015, 34 (4): 139 – 156.

[318] Wirtz B W, Pistoia A, Ullrich S, et al. Business Models: Origin, Development and Future Research Perspectives [J].

Long Range Planning, 2016, 49 (1): 36 - 54.

[319] Xu N, Li X, Yuan Q, et al. Excess Perks and Stock Price Crash Risk: Evidence from China [J]. Journal of Corporate Finance, 2014 (25): 419 - 434.

[320] Yu F F. Analyst Coverage and Earnings Management [J]. Journal of Financial Economics, 2008, 88 (2): 245 - 271.